Het Evangelie in Suriname

Stimuleren en bevorderen van de Evangelieprediking van 1968-2008

Franklin S. Jabini

INSTITUTE FOR CHRISTIAN STUDIES

Institute for Christian Studies
Paramaribo
Suriname
2019

Uitgegeven in 2019 door *Institute for Christian Studies*

Postbus 4065 – Paramaribo

Jabini, Franklin Steven

Het Evangelie Centrum Suriname. Stimuleren en bevorderen van de Evangelieprediking van 1968-2008.

1. Pinksterbeweging 2. Volle Evangelie 3. Kerkgeschiedenis 4. Suriname 5. Evangelie Centrum Suriname

ISBN: 9781795730464

TER NAGEDACHTENIS

Ter nagedachtenis van Benny Robert Gerard Macnack

Apostel Benny heeft de goede strijd gestreden. Volhardend zonder klagen, met bewonderingswaardig geduld, heeft hij zijn geloof in zijn Heer en Heiland nooit opgegeven, maar behouden. "Halleluja!".

Hij leefde voor zijn gezin, namelijk zijn vrouw, kinderen en kleinkinderen.

Verder had hij een passie om het evangelie aan alle landgenoten te verkondigen. Ook was hij een mentor voor honderden geestelijke leiders in binnen- en buitenland. Een vader voor het volk van Christus in Suriname. Een man die de Here zeer vreesde. Als het om het werk van de Here God ging, zaaide hij zaad in de morgen en zijn hand rustte tegen de avond niet. Vreugde en blijdschap heeft hij gekend.

Indien hij geleid werd door de muilkorf der beproeving, waar getrouwen hem in de steek lieten, waar teleurstelling, pijn, moeite en zorgen zijn deel werden, bleef hij sterk en volhardde tot het zilveren koord werd losgemaakt en het leven van hem; deze gouden lamp, verbroken werd en zijn geest wederkeerde tot de Here God, zijn Vader, die hij mocht ontmoeten in glorieuze heerlijkheid. (Prediker 12: 6)

Zuster Joan en kinderen, familie Macnack, mijn vriendin Truus, hun man, vader en broer, zijn naam is gevonden in het Boek des Levens. "Wat een glorie!"

Hij vertrok als dorstige, maar drinkt nu vrij uit de bron van het water des levens. Omdat hij overwonnen heeft, zal hij deze dingen van Godswege beërven. (Openbaring 21: 6-7). Volle evangeliegemeenten, onze grote leider Benny Macnack, de Apostel, is vertrokken naar zijn eeuwig huis. "*Adyosi, lobi wan!*"

Apostel Irma Gimith

VOORWOORD

De Here doet al wat Hem behaagt in de hemel en op de aarde, in de zeeën en alle waterdiepten; Psa 135:6

Toen werd onze mond vervuld met lachen, onze tong met gejuich. Toen zeide men onder de heidenen: De Here heeft grote dingen bij hen gedaan! Psa 126:2-3

Ergens in het begin van de jaren 1990 informeerde onze leider, br. Benny Macnack, ons tijdens een van onze maandelijkse leidersbijeenkomsten dat het werk van het Evangelie Centrum Suriname (ECS) momenteel 50 kerken en pionierswerk telde. Wij waren verbaasd. Vanaf de komst van James en Linda Cooper in 1967 tot het begin van de jaren 1990 groeide het werk van nul naar vijftig kerken. Daarnaast was er een groeiend trainingsprogramma, een actieve jeugd- en vrouwenorganisatie en een actief 'kader' trainingsprogramma voor werkers in de plaatselijke gemeenten. Er werden jaarlijks volwassenen- en kinderkampen en andere activiteiten georganiseerd. ECS zond ook werkers uit naar andere volken.

De Heer deed met betrekking tot het werk van ECS dat waarin Hij een welgevallen had en onze harten waren vervuld met blijdschap. Voorwaar, de Heer heeft grote dingen gedaan! Als wij nadenken over deze groei, dan moeten wij toegeven dat God soeverein is geweest in wat Hij deed door ECS. James heeft eens gezegd: "God zelf begon met het werk van ECS." Voor mij is Gods soevereiniteit in het werk in Suriname zichtbaar in een goddelijke interventie, een goddelijke roeping en een goddelijke strategie.

Goddelijke interventie

In 1892 raakte een 'medicijnman', Anaké, in een dorp aan de Boven-Suriname, toen de dorpelingen bezig waren met een 'obia' plotseling in coma. Hij getuigde dat tijdens die drie dagen durende coma Jezus aan hem was verschenen. Jezus openbaarde de identiteit van de ware en levende God aan hem. Hij gaf hem ook instructies over wat hij moest doen. Nadat hij uit coma kwam, begon hij gelijk te handelen. Hij gaf aan dat alle afgoden en 'obia'-attributen in de rivier moesten worden gegooid. Hoewel sommige dorpelingen hun twijfels hierover hadden, werden zijn instructies toch uitgevoerd. Hij bracht vrijwilligers naar de rivier en doopte hen. Hij zei toen tegen hen: "Jullie zijn schoon." Later stichtte hij een nieuw dorp, *Futunakaba* ("Voeten zullen nooit stoppen", met de betekenis van: "wat ik heb opgezet zal nooit eindigen"). Voordat Anaké stierf, zei hij dat God

4

iemand zou sturen om de mensen beter onderwijs te geven "over deze weg." Hij liet een test achter waardoor men zou weten wie de persoon was die God zou zenden. Hij zei dat zijn ervaring en daden naverteld moesten worden aan hen die zouden komen. De juiste persoon zou, nadat hij het verhaal van Anaké zou horen, het volgende zeggen: "Dat is van God. De duivel gaat nooit zoiets doen." Zo zou men weten wie door God was gezonden.

Goddelijke roeping

James Cooper werd dood geboren. Een zus van zijn moeder weigerde om dit aan te nemen. Zij bad totdat er leven kwam in zijn lichaam. God had werk voor hem.

James vertelde mij dat tijdens een zendingsreis naar het binnenland een groep de nacht doorbracht bij *Mamadam* aan de Suriname rivier. James had een evangelisatie samenkomst voorbereid voor die avond, maar de Surinaamse tropische *sibibusi* maakte een dienst onmogelijk. Een jongeman uit het dorp, Futunakaba, kwam bij James, die in een hangmat lag, en zei dat Vooma, een zoon van Anaké, hem wou zien. Vooma vroeg aan James om hem te vertellen wat de boodschap was die hij bracht. Natuurlijk legde James het evangelie aan hem uit.

Toen James klaar was, zei Vooma: "Nu wil ik jou een verhaal vertellen." Het verhaal had, natuurlijk, betrekking op de gebeurtenissen rondom Anaké. Toen hij klaar was, vroeg Vooma: "Wat denk je van dit verhaal?" James zei dat Vooma op dat moment intens en doordringend naar hem keek.

James antwoordde: "Dat is van God. De duivel gaat nooit zoiets doen."

Vooma begon te huilen. Het profetisch woord van zijn vader was in vervulling gegaan. Ken je nog de profetie van Jesaja over Kores? Jes. 44:28 die tot Kores zegt: "Mijn herder, hij zal al mijn welbehagen volvoeren door tot Jeruzalem te zeggen: Het worde herbouwd en de tempel worde gegrondvest." Let op dat dit woord ongeveer 150 jaar voordat Kores op het toneel verscheen werd uitgesproken. Het woord van Anaké was 60 jaar of meer voor de komst van James naar Suriname uitgesproken. Ik zie deze gebeurtenis op hetzelfde niveau als die van Kores. Voorwaar, een goddelijke roeping was op James.

Goddelijke strategie

Voordat hij naar Suriname vertrok, drong het tot James door dat de taak van wereldevangelisatie nooit bereikt kan worden door het evangelisatiewerk van buitenlandse zendelingen. Er zouden nooit genoeg zendelingen zijn hiervoor. *"De oogst is wel groot, maar arbeiders zijn er* weinig." (Mat 9:37).

Volgens James zou Gods strategie zijn: het klaarmaken van Surinamers om de bediening uit te voeren. Een goed opgeleide Surinamer heeft een duidelijke voorsprong op de buitenlandse zendeling. Hij kent de taal en cultuur al; hij is al geaccepteerd door de mensen; hij hoeft geen kosten te maken om de oceaan over te steken; hij heeft niet de hoge kosten voor onderhoud die de buitenlander heeft.

Vanaf het begin van ECS tot heden is het trainingsprogramma het middelpunt van het werk. Wij streven ernaar werkers te produceren, niet gewoon predikers. Deze jongopgeleide Surinamers zijn, door de soevereine genade van God, grotendeels verantwoordelijk voor wat er is bereikt.

Invloed van ECS in Suriname

ECS introduceerde verschillende gebruiken die door de Pinkstergemeenschap in Suriname werden overgenomen:

- Het gebruik van de communicatietaal, *Sranantongo*, in de diensten, in plaats van de officiële taal, Nederlands. Kerken maakten in Paramaribo exclusief gebruikt van het Nederlands.
- Een visie voor het stichten van meer gemeenten in Paramaribo en het stichten en onderhouden van kerken in de districten en het binnenland.
- Het systematisch onderwijzen van het Woord en de fundamenten van het geloof.
- De leer en de praktijk van de vijfvoudige bediening (Ef. 4:11), als goddelijke structuur voor de kerkorde; elke gelovige en elke gemeente moet onder de hoede zijn en dienst ontvangen van al de vijf bedieningen.
- Het houden van kampen, weekendseminars en conferenties waarin onderwijs werd gegeven.
- Het praktiseren van het 'leven door geloof'-principe. God is getrouw. Als Hij geroepen heeft, zal Hij ook voorzien.

Een vers uit de Psalmen is van toepassing op wat God gedaan heeft voor ECS in Suriname: "*Komt, aanschouwt de werken des Heren,...*" Psa 46:9.

Chester Oliver

Februari 2019

TEN GELEIDE

"Ik denk terug aan de daden van de HEER –
ja, ik denk aan uw wonderen van vroeger,
overweeg elk van uw werken
en houd in gedachten uw grote daden."
Uw weg, God, is een heilige weg –
welke god is zo groot als onze God?
U bent de God die wonderen doet,
U hebt de volken uw macht getoond.
(Psalm 77:12-15, NBV)

In 2014 nodigde, nu wijlen, Benny Macnack mij uit voor een gesprek. Tijdens dat gesprek vroeg hij mij om een boek te schrijven over het werk van het Evangelie Centrum Suriname. Benny en zijn vrouw Joan hadden goed over dit project nagedacht. Zij hadden al voorbereidingen getroffen, want na het gesprek gaf Joan mij een map met uitgewerkte interviews en andere teksten over ECS. Benny verzekerde mij daarnaast dat ik mocht rekenen op zijn volle medewerking om dit werk succesvol af te ronden.

Ik voelde mij zeer vereerd met dit verzoek. Vanwege mijn vriendschap met Benny ging ik de uitdaging aan. Het Evangelie Centrum Suriname had een belangrijke rol gespeeld in de geschiedenis van het christendom in Suriname. Of anders gezegd: de Heer had bijzondere dingen gedaan door de broeders en zusters die verbonden waren met het werk van ECS. Het was daarom belangrijk om die werken op te schrijven voor ons en voor het nageslacht.

Ik ging met de beschikbare documenten aan de slag, maar moest daarnaast werkers van het eerste uur interviewen en het boek baseren op verhalen en getuigenissen. Ik beperk het verhaal in dit boek tot de eerste 40 jaar.

Ik kreeg medewerking van (zonder vermelding van titels en in alfabetische volgorde): Robby Aloewel, Robby Aloina, Stando Antomoi, Steve Gloseclose, Theo Koeman, Rinia Leter, Benny en Joan Macnack, Jeanne Maitre, Jennifer Marcus-Plet, Jerry Mertodikromo, Chester Oliver, Iwan Oron, Richene Petrusi, Modensi Saaki, Richard Soepratino Rebin, Julian Soerowirjo, Lloyd Testing, Eustace "Bonnie" Vassell en Elsworth Williams. Ik wil in dit voorwoord al deze mensen bedanken.

Hoewel dit boek gebaseerd is op een gedegen en nauwkeurig onderzoek, ben ik mij bewust van zijn tekortkomingen. Ik vraag bij dezen dan ook aan iedere lezer die over informatie beschikt die gebruikt kan worden bij een volgende editie om mij deze te doen toekomen.

Ik bid dat het boek tot zegen zal zijn voor allen die het zullen lezen. Maar meer nog dat het mag zijn tot de eer van Jezus Christus, *ala grani na fu En.*

Ik maak gebruik van deze gelegenheid om de broeders en zusters van ECS, van vroeger en nu, heel hartelijk te feliciteren. Aan hen geef ik de woorden van Psalm 77:12-15 mee.

Franklin Jabini

INHOUDSOPGAVE

INLEIDING

"Wanneer uw kinderen later zullen vragen...

Want alle volken op aarde moeten weten hoe machtig de HEER, jullie God, is, en jullie moeten altijd vol ontzag voor hem zijn." (Joz. 4:6b, 24, NBV)

In de jaren zestig van de vorige eeuw maakte Suriname kennis met de Pinkster- en Volle Evangelie Kerken. De eerste van deze kerken was de Amerikaanse *Assemblies of God.* Deze kerken vestigden zich bijna onopgemerkt in 1959 in Suriname. Anders ging het met de tweede groep van pinkstergelovigen. In 1961 kwam er een massabeweging op gang in het land. In dat jaar hield Karel Hoekendijk uit Nederland onder grote belangstelling evangelisatiecampagnes in ons land. Veel bewoners kwamen tot geloof en sloten zich aan bij de gemeente Stromen van Kracht, de gemeente van Hoekendijk.

Dit boek gaat over de derde groep van Volle Evangelie Kerken. Eind jaren zestig begon het Evangelie Centrum Suriname (ECS) met haar activiteiten in Suriname. Nu, ruim veertig jaar later, met meer dan 50 kerken in Suriname en daarbuiten, is deze gemeente niet meer weg te denken uit de Surinaamse samenleving. Leiders van ECS zijn betrokken geweest bij verschillende nationale en internationale activiteiten. Zij mochten zij-aan-zij dienen met leiders uit andere christelijke kerken en medeleiding helpen geven aan de richting van de evangelische beweging in Suriname.

Hoe is het werk van ECS begonnen? Wat heeft God in de afgelopen veertig jaar door deze gelovigen gedaan?

Wij kijken in dit boek naar het verhaal van ECS in vier hoofddelen. In het eerste deel maken wij kennis met de medewerkers van het eerste uur. We besteden aandacht aan de twee stichters, de Amerikaan James Cooper en de Nederlander Jan Kool. Daarnaast kijken wij naar medewerkers uit Guyana, Jamaica en Amerika.

In het tweede deel maken wij kennis met de trainingsschool, de Bijbelschool van ECS. Wij kijken naar haar beginjaren en vervolgens naar de ontwikkelingen onder het directeurschap van Benny en Joan Macnack en Chester en Maureen Oliver. Wij ronden dit deel af met de ontwikkelingen rondom de leiderschapsstructuur van ECS.

Het derde deel gaat over de gemeenten die door ECS zijn gesticht of onderdeel zijn geworden van het netwerk. De gemeenten worden onderverdeeld naar hun geografische ligging in het land.

In het vierde deel kijken we naar enkele andere onderdelen van het werk, waaronder de conferenties en kampen, de Paulus Anakéschool, Engedi en het werk onder jongeren en vrouwen.

In dit boek vertellen wij het verhaal van de eerste veertig jaar van ECS. Deze periode valt op twee jaar na samen met de overdracht van het leiderschap aan een nieuwe generatie. Na deze periode deden zich verschillende ontwikkelingen voor binnen ECS. Enkele gemeenten verlieten het netwerk en gingen hun eigen weg. In dit boek worden die ontwikkelingen buiten beschouwing gelaten. Het boek is een feestboek over het werk dat God heeft gedaan door de mannen en vrouwen die verbonden zijn met ECS.

1. DE MEDEWERKERS VAN HET EERSTE UUR

De HEER richtte zich tot mij: 'Voordat ik je vormde in de moederschoot, had ik je al uitgekozen, voordat je de moederschoot verliet, had ik je al aan mij gewijd, je een profeet voor alle volken gemaakt.' Ik riep: 'Nee, HEER, mijn God! Ik kan het woord niet voeren, ik ben te jong.' Maar de HEER antwoordde: 'Zeg niet: "Ik ben te jong." Richt je tot iedereen naar wie ik je zend en zeg alles wat ik je opdraag. Wees voor niemand bang, want ik zal je terzijde staan en je redden – spreekt de HEER' (Jeremia 1:4-8).

JAMES COOPER

Het verhaal van ECS begon met jonge mensen, zij die zich geroepen wisten in de dienst van hun Heer en Verlosser. Zo deed de God dat ook vroeger. Was Samuel niet een kind toen hij geroepen werd? En David, toen hij koning werd? En Jeremia? En Maria toen zij de moeder werd van de Redder? God gebruikte toen ook al jonge mensen.

"En het zal zijn in de laatste dagen, zegt God, dat Ik zal uitstorten van Mijn Geest op alle vlees; en uw zonen en uw dochters zullen profeteren, uw jongemannen zullen visioenen zien en uw ouderen zullen dromen dromen."
(Hand. 2:17, HSV)

De visionair van het werk van ECS in Suriname was ook een jonge man, James Lowell Cooper Jr.

James werd geboren in de staat Oklahoma in de Verenigde Staten van Amerika.[1] Hij groeide op in een Baptistenkerk en kwam daar tot geloof in de Heer Jezus. James was nog jong toen hij wist wat hij later in zijn leven zou doen. Hij zou hetzelfde gaan doen als zijn grootvader! Hij zou predikant worden. Wat James niet wist, was dat dat ook het gebed en het verlangen was van zijn opa. Hij had James namelijk als kind opgedragen aan de dienst van de Heer.

Wat James zo aansprak in het werk van zijn opa, was zijn speciale voorliefde voor de Afro-Amerikanen. Dat was in die tijd in de Verenigde Staten van Amerika heel bijzonder. Amerika kende namelijk een scheiding van rassen en er was sprake van discriminatie. De grootvader van James, een blanke predikant, wist zich door de liefde van Christus gedreven om die liefde te delen met Afro-Amerikanen, de negers. Deze mannen en vrouwen waren de achtergestelde mensen in de toenmalige Amerikaanse samenleving! James zou deze bijzondere liefde voor de achtergestelde medemens ook meenemen naar Suriname.

Bijzondere vriendschappen

Na zijn middelbare school ging James naar de *Oklahoma State University*. Hij speelde basketbal onder Henry Iba, een van toptrainers van Amerika. Nadat James zijn bachelorsgraad behaalde, ging hij door met een masteropleiding. Hij koos tijdens zijn studie de vakken Engels, wiskunde en geschiedenis. Hij had speciaal voor het vak geschiedenis gekozen omdat hij vond dat het in de verkondiging van het evangelie belangrijk was de achtergronden van landen, volkeren en hun cultuur te kennen.

James leerde toen hij in de vijfde klas van de lagere school zat een jongeman kennen. Deze jongeman, Chester Oliver, werd een persoonlijke vriend van hem. Chester zat toen in de zesde klas. Zij groeiden samen op in de stad Drumright, in Oklahoma. Zij werden bij elkaar gebracht door basketbal. Tijdens hun jaren op de middelbare school hebben ze samen honkbal (*baseball*) gespeeld. James was achtervanger (*catcher*) en Chester was werper (*pitcher*).

De vriendschap tussen de twee jongemannen zou dieper en hechter worden. God zou hen samen in Zijn dienst gebruiken in Suriname. Maar er was meer. James trouwde later met Linda, een zus van Chester, die ook op dezelfde school zat.

Via Chester en Linda kwam James in aanraking met de Pinksterkerk. Eens gingen Chester en zijn zus Linda naar een jeugdkamp waar zij gedoopt werden met de Heilige Geest. Toen zij terugkwamen van dat kamp zag James een merkbare verandering in hun leven. Dit maakte grote indruk op hem. Hij ging met hen mee naar een samenkomst, waar de vader van Chester en Linda hem vroeg of hij de doop met de Heilige Geest wilde ontvangen. Hij stelde zich hiervoor open en begon in nieuwe tongen te spreken. "Elke avond als ik in mijn auto zat, bad ik in nieuwe tongen. Op een gegeven moment was de helft van de jongeren van de baptistengemeente die ik toen bezocht gedoopt met de Heilige Geest." Na deze ervaring maakte James de overstap naar een Pinksterkerk.

Een roeping van God

James werd niet lang nadat hij zijn bacheloropleiding had afgerond, geroepen om zich volledig te wijden aan het werk van de Heer. "Ik was bezig met mijn masteropleiding toen de Heer met een duidelijk hoorbare stem tot tweemaal toe tot mij sprak terwijl ik in gebed was. Hij zei toen tegen mij dat ik geen stap verder moest gaan met mijn studie. De Heer gaf mij te kennen dat ik voor Hem moest werken. Wat het precies zou inhouden, wist ik nog niet. Zes weken voor het behalen van mijn mastergraad, haakte ik af. Het was geen makkelijke stap." Evenals Jeremia werd de jonge James geroepen om zich volledig over te geven in dienst van God. *"Zeg niet: Ik ben te jong."* Het is heel bijzonder dat in de begin jaren van ECS jonge mensen een belangrijke rol hebben gespeeld in het werk. Waar zijn de jonge mensen van vandaag?

De familie van James en de mensen rondom hem reageerden niet positief op zijn mededeling. Men adviseerde hem om wat rust te nemen en daarna door te gaan met zijn studie. James dacht er anders over. Als God werkelijk tot hem had gesproken, dan moest hij Hem nu gaan zoeken voor verdere leiding in zijn leven.

James ging naar een zendingsconferentie in de Amerikaanse staat Tulsa, ruim 73 kilometer verwijderd van zijn woonplaats. Daar sprak een zekere broeder Gillete. Gillete was een Amerikaanse zendeling die ongeveer 40 jaar in het Amazone regenwoud, in Brazilië, had gewerkt onder de inheemsen. James kreeg de gelegenheid om met deze knecht van de Heer te praten. Hij vroeg hem toen of hij een misschien een plek in de wereld kende waar hij het evangelie van Christus zou kunnen prediken. Zonder te aarzelen zei Gillete tegen hem: "Suriname." Volgens Gillette had Suriname dringend predikers van het evangelie van Jezus Christus nodig. Hij vertelde James dat er een machtige beweging van Gods was geweest als gevolg van de prediking van de Nederlander Karel Hoekendijk.

James ging met deze informatie aan de slag. Hij bad en zocht de leiding van de Heer, maar probeerde ook met mensen in Suriname in contact te treden. Hij schreef brieven naar de toenmalige Nederlandse koloniale regering. Maar hij kreeg geen antwoord.

"Mijn vrouw en ik, zij 22 jaar en ik 23 jaar, besloten alvast naar een vreemd land te vertrekken om voor onszelf na te gaan of wij ons gemakkelijk aan een andere cultuur zouden kunnen aanpassen. Wij vertrokken in januari 1966 naar Jamaica, met de achterliggende gedachte een ingang naar Suriname te vinden. Per slot van rekening was ik een jonge man die ervaring moest opdoen. Mijn vrouw en ik hebben anderhalf jaar op Jamaica gewoond." James had een belangrijke stap genomen met de beslissing om naar Jamaica te gaan. Eenieder die door God geroepen is, moet zich goed voorbereiden op zijn taak. Paulus wist dat God hem al vóór zijn geboorte had geroepen. Hij zei:

> God, [had] mij al vóór mijn geboorte uitgekozen en door zijn genade … geroepen (Gal. 1:15 NBV).

En toch ging hij na zijn bekering naar Arabia (Gal. 1:17). Het was een soort voorbereiding voor hem op zijn werk in de dienst van Zijn Heer.

Bijzondere contacten

In maart 1967, terwijl James en Linda nog in Jamaica waren, was er in de Amerikaanse staat Tulsa een andere conferentie. Tijdens die conferentie zou er ook voor James en Linda worden gebeden. Kitty Uyleman-Gompert, voorganger van de gemeente Pinksterzending Suriname, bevond zich in die tijd in de Verenigde Staten van Amerika. Zij was daar om haar broer, die zij in geen 25 jaar had gezien, op te zoeken. Haar broer woonde in Kansas City, ruim vier uren rijden verwijderd van Tulsa, waar de conferentie werd gehouden. Terwijl Kitty Uyleman in gebed was in Kansas City, droeg de Heer haar op om onmiddellijk naar Tulsa te gaan. Zij begreep echter niet zo goed wat ze moest doen. Zij nam een telefoongids en belde in geloof een voorganger op. De voorganger die zij aan de lijn kreeg, bleek ook deel te nemen aan de conferentie in Tulsa. Het was het telefoonnummer van de gemeente die James Cooper bezocht. Kitty maakte de voorganger duidelijk dat zij uit een land kwam waar hij misschien nog nooit van had gehoord. "Maar ik heb enkele aanbevelingsbrieven bij me", zei ze. Ze schroomde zich er niet voor de geestelijke leider te vragen haar voor een weekend op te vangen. Hij vroeg haar toen: "Waar komt u eigenlijk vandaan?" Zij antwoordde: "Uit Suriname." De voorganger op zijn beurt was verbijsterd. Hij legde Kitty uit dat er op die bewuste maandag op de conferentie gebeden zou worden voor het jonge echtpaar Cooper, opdat zij een geopende deur naar Suriname zouden vinden. Allen zagen in deze gebeurtenis de leiding van de Heer.

Uyleman stelde bij haar terugkeer naar Suriname alles in het werk om James en Linda Cooper naar Suriname te halen. "Ik wist niks van al deze gebeurtenissen af totdat men mij een brief zond", vertelt James later. "Dit was gewoon Gods plan."

In juni 1967 gingen twee broeders vanuit Tulsa naar Guyana. Daar kwamen zij in contact met Philip Mohabir, die naar Suriname zou afreizen. De twee broeders vergezelden hem op deze reis. In Suriname aangekomen, zochten de broeders Uyleman op om het voorwerk te doen in verband met de komst van James Cooper en zijn vrouw Linda.

---

[1] Het verhaal van James Cooper is gebaseerd op een werkstuk van Noel Filemon, getiteld: *Concept verhaal ECS*. Directe citaten uit dit onderdeel komen, tenzij anders vermeld, uit dit werk.

JOHANNES KOOL

En Paulus kreeg 's nachts een visioen te zien: er stond een Macedonische man, die hem dringend vroeg: "Kom over naar Macedonië en help ons!" Toen hij nu dit visioen gezien had, probeerden wij meteen naar Macedonië te reizen, omdat wij eruit opmaakten dat de Heere ons geroepen had aan hen het Evangelie te verkondigen.

(Hand. 16:10, HSV)

Roeping voor Suriname

Het verhaal van Johannes "Jan" Kool, de andere pionier van ECS, verliep anders dan dat van Cooper.[1] Toen hij naar Suriname kwam, was hij bijna dertig jaar oud. Kool werd geboren op 7 september 1923 in Nieuwerkerk aan de IJssel in Nederland. Hij was dus veel ouder dan Cooper.

Jan was een jaar of tien toen hij voor het eerst hoorde over het werk van de Heer in Suriname. Dominee Gilly Polanen van de Evangelische Broedergemeente Suriname (EBGS) bracht een bezoek aan zijn school en vertelde over Suriname.

Op veertienjarige leeftijd verliet Jan de school om zelf te gaan werken. Hij leerde een vak en behaalde een bakkersdiploma. Tijdens de Tweede Wereldoorlog maakte hij een geestelijke crisis door. In die periode verootmoedigde hij zich voor de Heer. Hij legde toen zijn geloofsbelijdenis af in de kerk. Eind 1946 las hij weer een bericht over Suriname. Hij werd door de volgende woorden in het bericht aangesproken: "Kom over en help ons." Dit waren dezelfde woorden die Paulus ooit had gekregen van de Heer in een droom (Hand. 16:9). Evenals bij Paulus het geval was, wist Jan dat de Heer op deze manier tot hem sprak.

Hij besloot toen om naar de Bijbelsschool te gaan. Het gelukte hem om de Bijbelsschool in Zwitserland te bezoeken. Daar werd een bijzondere nadruk gelegd op het onderricht in de Bijbel, de bekering en de discipline. Deze vorming zou hem ten goede komen tijdens zijn werk in Suriname.

Na de Bijbelschool keerde hij terug naar Nederland. Hij kwam in een gemeente terecht waar hij weer hoorde over Suriname. De dominee bad voor een voorganger voor de "Vrije Evangelisatie Gemeente in Suriname." Jan nam deze uitdaging aan, werd ingezegend en kwam in juni 1952 aan in Suriname.

Na vier jaar gewerkt te hebben in Suriname, ging deze alleenstaande jongeman in 1956 met verlof naar Nederland. Daar leerde hij Corrie van Wijngaarden kennen.

Hij trad in januari 1957 met haar in het huwelijk. Het echtpaar keerde terug naar Suriname, waar zij het zendingswerk voortzetten bij de baptistengemeente.

Ontmoeting met de pinkstergemeente

Begin jaren 60 kwam Jan in contact met gelovigen uit de pinkstergemeente. Aanvankelijk stond hij afwijzend tegenover hun leer. Maar gaandeweg leerde hij hen en hun werk beter kennen. "Ik had weer stof tot nadenken over de bekeringen en genezingen die plaatsvonden. Ik sprak met God erover en ik zei bij voorbaat dat ik het etiket van pinkster niet wilde hebben. Mijn vrouw en ik beleefden iets bijzonders met de Heer en we zochten toen de ervaring van de Heilige Geest." Na deze gebeurtenissen zag Jan een duidelijke verandering in zijn werk. Hij zag niet alleen bekeringen, maar ook dat zieken werden genezen.

Hij ontwikkelde goede relaties met de leiders van de pinksterkerken. Toen de zusters Bernadette Hewitt en Ilse Van Kanten van de Gemeente van Jezus Christus met vakantie in Nederland waren, mocht Jan daar een tijdje als voorganger optreden. Dat jaar vond Kool heel bijzonder. Hij ging voor in de Gemeente van Jezus Christus aan de Petuniastraat te Zorg en Hoop, waar wekelijks 300 à 400 mensen samenkwamen. Dit was heel anders dan wat Jan gewend was in zijn werk onder de inheemsen aan de Marowijne. Maar zijn 'flirten' met de pinksterkerken leidde tot een breuk tussen hem en zijn vroegere gemeente. Jan verliet de baptistengemeente en sloot zich in 1965 aan bij de pinksterbeweging.

Bijzonder contact

In de pinksterbeweging leerde hij nieuwe mensen kennen, waaronder Philip Mohabir. Mohabir verzorgde Bijbelstudies in De gemeente van Jezus Christus, de gemeente waar Kool was. Hij vertelde Kool over het werk dat hij deed in Guyana. In 1967 bezocht Kool het werk van Mohabir. Kool was duidelijk onder de indruk van het werk en maakte zijn wens om een dergelijk werk in Suriname te doen kenbaar aan zijn nieuwe vriend. Er moest een trainingsschool komen om jonge mensen toe te rusten met de juiste gereedschappen voor het werk van de Heer. De Heer zou via Mohabir Kool en Cooper bij elkaar brengen.

Een bijzonder team

In juli 1967 vertrokken James en zijn vrouw Linda uit Jamaica, waar zij ruim anderhalf jaar waren geweest. Zij gingen terug naar Amerika om zich voor te bereiden op hun vertrek naar Suriname. Na ruim vier maanden was het zover. Zij vertrokken vanuit Amerika en maakten een tussenstop van een week op Jamaica. Vanuit Jamaica reisden zij door naar Guyana en brachten drie weken door bij broeder Mohabir. "Het klikte gelijk tussen broeder Mohabir en ik, we waren een van ziel en geest. Hij had ons graag langer willen houden in Guyana. Maar ik gaf hem te kennen dat wij afspraken hadden lopen met zuster Uyleman, zij had ervoor gezorgd dat de deur naar Suriname voor ons geopend werd."[2]

Van Mohabir hoorde James ook over het contact dat hij enkele maanden daarvoor had gehad met Jan Kool. Mohabir vertelde over het voornemen van Jan om in Suriname een trainingsschool voor jonge mensen op te zetten. "Hij adviseerde Cooper contact op te nemen met Kool wanneer hij in Suriname was aangekomen, zodat ze de mogelijkheid van samenwerking konden bekijken."[3]

Het echtpaar Cooper kwam op 5 december 1967 aan in Suriname. Na aankomst werden de Coopers door zuster Uyleman opgevangen. James nam contact op met Jan Kool. Jan was van bijzondere betekenis voor hem, omdat hij het echtpaar Cooper geloofwaardigheid gaf. James zei het als volgt: "Toen ik in Suriname aankwam was ik slechts 25 jaar oud en Jan had al vele jaren in dit land gewoond. Hij heeft ons veel geleerd over de waarden en normen van Suriname. Ook was hij bekend met de Surinaamse situatie en hij sprak het Sranantongo redelijk goed. Hij was een fantastische man die mij mijn weg heeft doen vinden in het voor mij nog vrij onbekende Suriname. Hij was ook degene die mij een huis heeft helpen vinden ergens aan de Van Drimmelenlaan."

De families ontmoetten elkaar en spraken over mogelijkheden voor een werk hier in Suriname. Er werd gekozen voor een Bijbelschool. In januari 1968 ging de familie Kool tijdens haar verlof naar Nederland.

---

[1] Dit onderdeel is gebaseerd op een niet-gepubliceerde autobiografie van Jan Kool (Kool, n.d.).
[2] Kool, n.d.
[3] Donk, e.a. 1996:4.

MEDEWERKERS UIT GUYANA, JAMAICA EN AMERIKA

"Hij zei tegen hen: 'De oogst is groot, maar arbeiders zijn er weinig; vraag dus de eigenaar van de oogst of hij arbeiders wil sturen om de oogst binnen te halen. Ga op weg, en bedenk wel: ik zend jullie als lammeren onder de wolven."
(Luk. 10:2-3)

Naast Cooper en Kool zouden er ook andere medewerkers uit verschillende landen een bijdrage leveren aan het zendingswerk van ECS in Suriname. Deze werkers kwamen uit Guyana, Jamaica en de Verenigde Staten van Amerika. Vanuit Nederland kwamen er ook regelmatig gastdocenten. Deze broeders en zusters leverden op verschillende manieren hun bijdrage aan de opbouw van het werk van het Evangelie Centrum Suriname.

Guyana

Philip Mohabir

De medewerkers die uit Guyana kwamen, waren verbonden met het werk van Philip Mohabir. Zoals wij eerder zagen, speelde hij een belangrijke rol in het samenbrengen van Cooper en Kool. Mohabir zelf had een bijzonder bekeringsverhaal. Hij kwam als tiener, met een Hindoestaanse achtergrond, tijdens het lezen van het Markus Evangelie op de middelbare school tot geloof. Vier jaar later vertrok hij in 1956 naar Engeland. Hij kreeg eerst in 1956 en later in 1963, terwijl hij nog in Engeland was, een visioen van God. Dat visioen vertelde hem dat hij terug moest gaan naar Guyana om daar het evangelie te verkondigen. In 1964 keerde hij met zijn creoolse vrouw, van Jamaicaanse afkomst, en enkele anderen terug naar Guyana. In dat jaar werd een start gemaakt met een zendingswerk in Guyana. Een onderdeel van zijn werk was het stichten van een Bijbelschool, Hauraruni Bible School, voor het opleiden van medewerkers. De afgestudeerden van de Bijbelschool stichtten kerken in Guyana, die bekend stonden onder de naam Full Gospel Fellowship.

Kedlall en Joyce Jhugdeo

Het eerste team uit Guyana kwam in 1969 naar Suriname. Het ging om Kedlall en Joyce Jhugdeo. Dit jonge stel had zijn training in Guyana afgerond en Kedlall en Joyce waren net getrouwd. Zij wisten zich geroepen voor Suriname. Ked, zoals hij genoemd werd, gaf les op de Bijbelschool. De studenten konden veel van hem leren. "De Heer gebruikte hem ook in de gave van profetie en openbaring." Sommige gelovigen, die wisten dat dingen niet in orde waren in hun leven, durfden niet naar het kamp of de conferentie te gaan. Zij wisten dat de Heer de dingen aan broeder Ked zou openbaren. Dit echtpaar diende de Heer twee jaar in Suriname en keerde daarna terug naar Guyana.[1]

Harry en Anjanie Outar

Enkele maanden na de aankomst van de familie Jhugdeo, kwam, in het laatste kwartaal van 1969, Harry Outar naar Suriname. Harry had ook net de Bijbelschool in Guyana afgerond. Hij kwam naar Suriname om zich te oriënteren, omdat hij zich geroepen voelde om hier te werken voor de Heer. Na een oriëntatie van enkele maanden ging hij terug en trouwde hij met zuster Anjanie. Het echtpaar keerde in 1971 als zendelingen terug naar Suriname. Harry was belast met evangelisatie. Hij hield veel campagnes en hielp met het geven van lessen op de Bijbelschool. Hij was een geliefde conferentiespreker. Hij was een pionier in de gemeente Nieuw-Amsterdam, die hij jaren diende als voorganger.

Sherlock en Mavis Tacoordeen

Sherlock en Rampatie Mavis Tacoordeen kwamen in 1979 naar Suriname. Sherlock kwam, als drukker, met de drukkerij uit Guyana mee naar Suriname. Hij diende ECS op verschillende manieren, waaronder als docent op de Bijbelschool. Hij was van 1989 tot 2014 voorganger van de gemeente Munder.

Elsworth "P.C." Williams

Een ander echtpaar dat een belangrijke bijdrage leverde aan het werk van ECS was *Elsworth "P.C."* en *Othelene "Carmen" Williams*. Elsworth diende samen met zijn vrouw Othelene van februari 1984 tot september 1988 in Suriname. Hij gaf veel aandacht aan het werk in het binnenland, in Futunakaba en aan de Marowijne. Hij bezocht ook de gemeente in Frans-Guyana, onder leiding van Pietro Brown. Hij deed pastoraal en evangelisatiewerk. Daarnaast werkte hij met jongeren en was hij lid van het apostolisch team, het leidersteam van ECS.

Jamaica

Wat gezegd was met betrekking tot de werkers uit Guyana was ook van toepassing op die uit Jamaica. De Coopers mochten in Jamaica proeven van leven in het

Caraïbisch gebied. Naast de Coopers kwamen er uit Jamaica ook jonge mensen naar Suriname om te werken voor hun Heer.

Ben Toops

De contacten met Jamaica kwamen via Ben Toops. Door zijn organisatie werden James en Linda in Jamaica opgevangen om ervaring op te doen voor het zendingsveld. Toops had op 2 oktober 1966 op Jamaica de *Bethesda Boys Ranch* samen met de *Bethesda Missionary Society* opgericht. Het plan van Toops was om jonge mensen naar de *Ranch* te brengen, hen een vak aan te leren en het evangelie aan hen te verkondigen. Deze jonge mensen, die tot de Heer geleid zouden worden, zouden vervolgens in het zendingswerk gaan. In september 1967 richtte Toops de *Bethesda Bible School* op, waar werkers werden opgeleid voor de bediening. Enkele van de leerlingen van Toops kwamen ook naar Suriname.

Franklyn "Bobby" en Pat Sephestine

Franklyn "Bobby" Sephestine, zijn vrouw Pat en kind behoorden tot de pioniers uit Jamaica.[2] Franklyn Sephestine heeft van 1967 tot 1969 in Suriname gewerkt.[3] Toen Bobby naar Suriname kwam was hij negentien jaar oud. Hij en zijn vrouw namen hun intrek in de driekamerwoning van de familie Cooper aan de Van Drimmelenlaan. Hij speelde een belangrijke rol in het werk in het Boven-Suriname gebied, waarover later meer.

Eustace "Bonnie" Vassell

Een andere Jamaicaanse broeder die naar Suriname kwam, was Eustace "Bonnie" Vassell. Hij kwam er in oktober 1969. Hij kwam hier om het werk over te nemen van "Bobby" Sephestine, die in die tijd werkte in Wedan. Sephestine zou toen weggaan. Vanwege de communicatieproblemen in die tijd wist men in Suriname niet precies op welke dag Vassell zou aankomen. Toen hij aankwam op het vliegveld kwam niemand hem afhalen. Hij nam toen een taxi naar Paramaribo en vroeg de chauffeur om hem te brengen naar een politiestation. "Dat kleine beetje geld dat ik bij mij had, als zendeling, wou ik niet uitgeven aan hotelkosten. De veiligste plaats voor mij om de nacht door te brengen, was volgens mij een politiestation." De agenten waren heel vriendelijk en hij sprak met hen over de Heer en wat hij was komen doen. Daar hoorde hij dat de zendelingen die op Slootwijk werkten soms op en neer reisden over de Surinamerivier.

De volgende ochtend ging Vassell naar het veerstation om te zien of hij iemand van Slootwijk zou ontmoeten. "Ik stond daar en ik zag een Nederlander. Hij leek op een zendeling. Ik ben toen met hem gaan praten. En je gelooft het niet, het was Jan Kool." Kool legde Vassell uit dat hij over drie dagen zou afreizen naar Wedan. Hij nam hem mee naar Slootwijk, waar hij kennismaakte met de rest van de medewerkers. Na die drie dagen gingen zij naar Wedan. "Toen ik daar aankwam waren Sephestine, Paul en Irene Kong A San daar. Er waren ook studenten, het merendeel van hen was van Futunakaba." Sephestine vertrok een maand of zes weken na de aankomst van Vassell uit Suriname. Vassell diende tot december 1980 in Suriname en verhuisde toen naar Curaçao waar hij een gemeente stichtte.

Lyndel en Kalawatie Williams

Lyndel Williams kwam als een alleenstaande jongeman in 1970 naar Suriname. Hier leerde hij zijn vrouw Kalawatie Debie kennen. Kalawatie was een van de eerste studenten op de trainingsschool in Slootwijk. Lyndel ging op zijn vijftiende in 1967 naar de *Bethesda Missionary Society* trainingsschool. Hij studeerde er drie jaar. Na zijn studie kwam hij naar Suriname. Hij diende met een onderbreking van enkele jaren tot 2004 in Suriname. Hij werkte in het binnenland en het kinderhuis Koesikwarano. Hij was pastor van verschillende gemeenten, directeur van Engedi en gaf les op de Bijbelschool.[4] Ook maakte hij vele jaren deel uit van het apostolisch leidersteam van ECS.

Melvin en Victoria Roye

Melvin en Victoria Roye kwamen in 1976 met hun drie jonge zonen naar Suriname. Zij werden toegevoegd aan het 'Commewijneteam' in Nieuw-Amsterdam. In Commewijne hielpen zij ook in het kinderhuis Koesikwarano en ze werkten van daaruit verder richting Oost-West.

Verenigde Staten van Amerika

Een ander team van werkers van het eerste uur was het echtpaar Chester en Maureen Oliver. Zij kwamen op 22 december 1970 met hun twee dochters aan in Suriname. Chester was zoals we zagen de zwager en schoolvriend van James Cooper. Hij kwam oorspronkelijk om zijn krachten te geven aan het werk in Suriname waarover hij zoveel had gehoord. De familie woonde op Slootwijk. Chester verzorgde les op de Bijbelschool. Hij was ook belast met de leiding van het werk onder de inheemsen, die door het evangelisatiewerk van de Bijbelschool tot geloof kwamen op Km 45 aan de Oost-Westverbinding. In latere jaren zou hij naast het gemeentewerk een belangrijke rol spelen tijdens de verdere ontwikkeling van de Bijbelschool.

Terugblik

Waren de buitenlandse werkers perfect of zonder fouten? Nee. De meeste van hen waren jonge mensen. De jeugd had het voordeel van energie en ambitie. En daar maakten zij dankbaar gebruik van. Het werk van ECS zou nooit een dergelijke omvang hebben gehad, als deze jonge mensen niet met zoveel passie het evangelie van Christus verkondigden op vele plaatsen. Het maakte voor hen niet uit of zij welkom waren of niet. Het nadeel was dat zij meestal de wijsheid misten om met zaken om te gaan. Zij maakten in hun jongelingsjaren fouten die later van invloed waren op het werk. Benny Macnack verwoordde dit in 2000 tijdens een interkerkelijke conferentie van leiders uit Boven-Suriname heel mooi. Hij zei dat ECS in haar beginjaren, zeg maar de kinderjaren, fouten had gemaakt. Zij was toen nog jong. Maar nu was zij ouder geworden. Hij beleed deze fouten ook aan hen tegen wie ze begaan waren.

Naast het feit dat de buitenlandse werkers jong waren, hadden zij ook verschillende culturele achtergronden en verschilden zij veel van elkaar in karakter. Dat had soms een invloed op de onderlinge relaties in het werk.

De buitenlandse broeders en zusters gaven op verschillende manieren hun krachten en leverden een belangrijke bijdrage aan het werk van ECS. Sommigen dienden voor een korte tijd, anderen voor een langere periode. Tegenwoordig vragen mensen zich af wat het nut is van zendelingen die voor een korte tijd ergens gaan werken. Het verhaal van deze jonge mensen laat zien dat God ook in een kort tijdsbestek heel veel tot stand kan brengen. Paulus was ook maar een korte tijd in Thessalonika, toen er een bloeiende gemeente daar ontstond (Hand. 17). Anderen gaven een groot deel van hun leven aan de dienst van hun Heer hier in Suriname. Deze broeders en zusters hielpen niet alleen in de verkondiging van de blijde boodschap tot diep in het binnenland van Suriname. Zij leverden ook een bijdrage aan de vorming van leiders voor het werk. De Heer zelf zal hen belonen voor hun bijdrage aan het werk in dit deel van Gods koninkrijk. De volgende generatie van christenen in Suriname mag van hen leren.

Tegen de buitenlandse werkers zeggen wij:

Kortom, geliefde broeders en zusters, wees standvastig en onwankelbaar en zet u altijd
volledig in voor het werk van de Heer, in het besef dat door de Heer uw inspanningen
nooit tevergeefs zijn (1 Kor. 15:58, NBV).

---

[1] Jhugdeo diende als voorganger van een gemeente in South Road Georgetown Guyana. Vervolgens ging hij als zendeling naar India. Zijn echtgenote en kinderen wonen nu in North Carolina in de VSA (zie Etwaru, p. 101).

[2] Kool, n.d.:31.

[3] Na Suriname werkte Sephestine van 1971-1975 als zendeling in Ghana, in West-Afrika. Hij was het hoofd van de *Bible and Trade School* in Manchester van 1975-1981. Momenteel is hij de directeur van *Bethesda Missionary Society* in Morant Bay, Jamaica. Hij werkte ook in Belize, Guyana en Haïti.

[4]   http://www.calvaryassemblyofgod.org/index.php/about-us/our-pastors/pastor-lyndel-edwards-williams

2. ECS EN DE BIJBELSCHOOL

Mijn kind, wees sterk door de genade van Christus Jezus. Geef wat je in aanwezigheid van velen van mij hebt gehoord door aan betrouwbare mensen die geschikt zijn om anderen te onderwijzen. (2 Tim. 2:1-2)

DE BEGINJAREN VAN HET TRAININGSCENTRUM (1969-1980)

Wat is Apollos eigenlijk? En wat is Paulus? Zij zijn niet meer dan dienaren die u tot geloof hebben gebracht, beiden op de wijze die de Heer hun heeft geschonken. Ik heb geplant, Apollos heeft water gegeven, maar God heeft doen groeien. Het is niet belangrijk wie plant of wie begiet; alleen God is belangrijk, want hij doet groeien. Wie plant en wie begiet hebben hetzelfde doel, al worden ze ieder apart beloond overeenkomstig de moeite die ze zich hebben gegeven. Dus wij zijn medewerkers van God en u bent zijn akker. U bent een bouwwerk van God.
(1 Kor. 3:5-9)

Inleiding

Het werk van ECS draaide rondom een trainingscentrum, naar het voorbeeld van het werk in Guyana en Jamaica.[1] In haar statuten had de stichting duidelijk aangegeven hoe zij haar doel trachtte te bereiken. Een van de middelen was 'het trainen van jonge mensen in de dienst van de Heer Jezus.'

De eerste stap om een school op te zetten werd ondernomen door Cooper. In de beginjaren werd gebruikgemaakt van het complex van de voormalige plantage Slootwijk in het district Commewijne. De districtscommissaris gaf toestemming om gebruik te maken van de plantage, die in verval dreigde te raken, en die te onderhouden. Dit was een tijdelijke oplossing, maar een belangrijke stap die ervoor zorgde dat er een aanvang gemaakt kon worden met de trainingen.

Het team mocht op de plantage gebruikmaken van vier huizen en een schoolgebouw. Het schoolgebouw was ruim en werd ingedeeld in leslokalen en slaapplaatsen voor de jonge mannen. James en zijn vrouw namen hun intrek in een van de woningen en Jan Kool en zijn gezin namen hun intrek in een andere. Een woning was bestemd voor de meisjes. Toen James deze voorbereidingen trof, was Jan Kool in Nederland. Hij was aangenaam verrast toen hij in augustus 1968 terugkwam van verlof en merkte dat er reeds een plaats was gevonden voor het trainingscentrum. "Voordat Kool vertrok naar Nederland had hij een paar vereisten doorgegeven aan Cooper. Het centrum moest niet aan de overkant van de rivier zijn. Het moest niet in een gebied zijn met veel muskieten en het moest niet ver zijn van Paramaribo. Br. Kool heeft mij gezegd dat hij geen van zijn voorwaarden heeft gehad."[2]

Op 19 september 1968 werd de stichting "Evangelie Centrum Suriname" officieel opgericht.[3] Het eerste bestuur werd gevormd door de twee pionierechtparen.

Het eerste bestuur van ECS	
Jan Kool	Voorzitter
James Cooper	Secretaris
Linda Cooper- Oliver	Penningmeester
Corrie Kool-van Wijngaarden	Lid

De opening van het trainingscentrum vond plaats op 1 januari 1969. "Het doel was om jonge mensen te trainen in de dienst van de Heer Jezus." Deze jongeren zouden worden uitgezonden "om het evangelie van Jezus Christus te prediken en gemeenten te stichten."[4]

Bij de opening van de school kreeg een van de aanwezige voorgangers een profetische boodschap van de Heer. De voorganger had in een gezicht een diamantslijperij gezien. In die slijperij werd er veel ruw materiaal binnengebracht. Dit materiaal zou na de bewerking als een prachtige steen, stralend en schoonheid uitdragend, de wereld ingaan.[5] Deze boodschap had betrekking op het trainingscentrum. Het centrum zou functioneren als die slijperij.

De start van de school ging niet zonder de nodige problemen. Onder invloed van buitenlandse predikers waren gemeenten die oorspronkelijk hun bijdrage zouden leveren aan de school niet meer bereid mee te werken. De Gemeente van Jezus Christus, onder leiding van zuster Van Kanten met wie Jan Kool een heel goed contact had, stond oorspronkelijk achter het plan. Later deelde Van Kanten Jan Kool mee dat zij niet meer achter het plan stond en dat jongeren uit de Gemeente van Jezus Christus niet meer naar de Bijbelschool zouden gaan.

"In de verwarring van het ogenblik heb ik haar niet gezegd dat ik enige uren later een vergadering zou hebben met haar jonge mensen die wilden komen, wat zij mij later kwalijk genomen heeft."[6]

Een ander probleem was een probleem met de overheid. Er zou een bericht zijn doorgegeven aan de overheid dat men van plan was om een Boys Ranch voor minderbedeelde jongens te stichten. Toen bleek dat er een Bijbelschool werd gesticht en niet de ranch kwam ECS in problemen met de districtscommissaris.[7] Het probleem werd door Gods genade opgelost. Toops, die zoals wij eerder zagen een Boys Ranch had in Jamaica, zou een brief hebben geschreven naar de Surinaamse overheid. In die brief werd aangegeven dat er een Boys Ranch zou worden gesticht. Cooper deelde echter niet de opvatting van Toops. Toops wou jonge mensen, ook niet-bekeerden, opvangen, tot de Heer leiden, opleiden en uitzenden in de bediening. Volgens Cooper moesten mensen door God geroepen worden voor de bediening. Na die roeping moesten zij worden begeleid.

De beginjaren

De plannen voor de school konden niet tegengehouden worden. De school ging van start! Op 3 maart 1969 kwamen de eerste studenten aan in Slootwijk. Het ging om de volgende personen: Benny Macnack, zijn broer Henry Macnack en vrouw Ursila en Gladys Goedhart. Drie maanden later kwam Kames Petrusi.

In oktober meldden Stanley en Celeste Dissels, John W. Slagtand en Kalawatie Debie zich aan. In 1970 kwamen er ook andere studenten onder wie Joan Mangroe, Haidi Tjong A Jong, Carmen Pengel en Enid Marman.

In de beginjaren was er geen vastgesteld lesprogramma, maar verschillende lessen kwamen aan de orde.[8]

Lessen van de beginjaren	
Bijbelkennis. Dit vak behandelde de inhoud van de boeken van de Bijbel.	Evangelisatie.
Bijbelse leer. Dit vak besprak de rode lijn door de hele Bijbel.	Gemeentevorming.
Goddelijke openbaring. Dit vak behandelde de leer van de Vader, Zoon en Heilige Geest.	Kinderclubwerk.
Inspiratie van de Bijbel.	Nederlandse taal.
Verzoening en verlossing, bekering en wedergeboorte.	

In het eerste jaar was er nog erg veel te doen aan het onderhoud van het complex. Daarom volgden de studenten in de eerste weken elke ochtend na de bidstond maar twee lessen. Daarna moesten zij praktisch werk gaan doen.

Later volgden zij vier uur per dag les, van maandag tot en met vrijdag. De weekenden werden gebruikt voor evangelisatie-activiteiten aan de Oost-Westverbinding en in het Brokopondogebied.

In de beginjaren waren de vaste docenten de broeders Cooper, Kool en Sephestine. Ook kregen studenten les van Bart Elling, een Nederlandse Bijbelleraar. Johan Berkhuizen, de toenmalige directeur van het inheemse kinderhuis Koesikwarano, gaf het vak Nederlands. Dat kwam de studenten, die voornamelijk Sranantongo spraken, ten goede. Corrie Kool gaf les in kinderevangelisatie. Wanneer Mohabir op bezoek was, gaf hij ook les. Elma van Riemsdijk en Bé van Heyningen, van het thuisfront van de familie Kool, gaven toen zij op bezoek waren ook les. De broeders uit Guyana en Jamaica gaven ook les.

Een andere gastdocent was Ray Brooks. Ray Brooks en zijn vrouw Rosalie waren gekomen om te helpen met praktische voorbereidingen, zodat zaken konden beginnen te lopen. Dit echtpaar had jarenlange ervaring in het werk van de Heer. Benny Macnack kon zich nog heel goed herinneren waarover Ray had gesproken. "Ray verzorgde de les over de dienstknecht des Heren vanuit 2 Tim 2. Hij benadrukte de volgende aspecten van een dienstknecht. Hij was een soldaat, een atleet (kampvechter), landbouwer en arbeider."

"Deel in het lijden als een goed soldaat van Christus Jezus. (v. 3)
Een atleet wordt niet gelauwerd als hij zich niet aan de regels houdt. (v 5)
De boer die het zware werk doet, heeft als eerste recht op de oogst. (v. 6)
Beijver u om uzelf welbeproefd voor God te stellen, als een arbeider. (v. 15)"

Activiteiten

Nog voor het begin van de training begonnen Linda en Corrie, in oktober 1968, met kindersamenkomsten. Al spoedig kwamen 18 kinderen naar deze bijeenkomsten.

Op de zondagen werden er samenkomsten gehouden, die ook werden bijgewoond door mensen in Slootwijk. En, zoals al was aangegeven, werd er langs de Oost-Westverbinding geëvangeliseerd.

De leiders van ECS hadden ervoor gekozen om in het Sranantongo, 'de taal van het hart van het volk', te werken. Cooper leerde snel na aankomst in Suriname het Nederlands en het Sranantongo. Later leerde hij ook het Saramaccaans. Hij bracht zijn eerste boodschap in het Sranan in de gemeente Gods Bazuin. Een persoon vertelde het volgende voorval:

Een Surinaamse zuster zou tijdens een kamp een getuigenis geven. Zij moest dat in het Sranan doen. Maar in die tijd konden veel Surinamers niet vlot Sranan praten, omdat ze thuis Nederlands moesten praten. Het kwam voor dat wanneer kinderen thuis "Nengre" hadden gesproken, men hen zei dat ze hun mond moesten gaan spoelen. Omdat die zuster het Sranan niet machtig was, zou ze haar getuigenis in het Nederlands geven. Zij vroeg toen aan Cooper om haar te vertolken. Nadat zij hem had gevraagd, drong het tot haar door hoe absurd de situatie was.

Kool, die voor Cooper in Suriname was, werkte al in het Sranan. Hij kreeg, toen hij nog in de baptistengemeente was, enkele Sranantongowerken in handen, waaronder een vertaling van het Bijbelboek Spreuken en de liederen van Sankey en Alexander. Deze werken waren eerder vertaald door de baptistenvoorganger Carel Paulus Rier. Kool had de liederen gestencild en gebruikte die voor zijn werk in het Marowijne gebied. Deze liederen kwamen het werk van ECS ten goede. De liederen van Sankey werden aangevuld met nieuwe liederen, die samen met de studenten werden vertaald en gezongen. ECS besloot toen om een liederenbundel uit te geven. De eerste editie werd in Nederland en latere edities werden in Amerika gedrukt. "Van dit bundeltje, getiteld *"Switi Gado Singi"*, zijn er vele duizenden verspreid in de gemeenten in Suriname. Er zat geen copyright op en we verkochten ze zo goedkoop dat niemand ze goedkoper zou kunnen maken. Later, toen het werk zich uitbreidde, zijn er veel andere liederen vertaald, meestal gezonden door koortjes... Liederen die graag gezongen werden op samenkomsten en conferenties."

Een ander project waaraan gewerkt werd, was een revisie van het boek Spreuken, vertaald door Rier. Kool werkte met enkele studenten, waaronder Joan Macnack, aan dit project.

Verhuizingen van de Bijbelschool

Minder dan vier jaar na het begin in Slootwijk verhuisde de familie Cooper naar de Van Leeuwensteinstraat in Paramaribo. Het huis dat zij daar bewoonden diende als een soort opvanghuis. Oliver was in die tijd belast met de leiding van het trainingscentrum in Slootwijk, totdat de school ook verhuisde naar de nieuwe locatie. Bij de familie Cooper thuis werd de Bijbelschool voor een korte tijd voortgezet.

Kort daarna, in 1974, verhuisde de school weer en wel naar de Soekhoelaan. Vanuit de Soekhoelaan verhuisde de school naar de Maystraat 32, daarmee lag het heel dicht bij de *Memre Boekoe Kazerne*.[9] Het was een prachtige woning die de ECS van een arts te huur kreeg.

De familie Cooper bleef echter naar een geschikt terrein uitkijken om het werk van de Heer voort te zetten. Uiteindelijk bekeken zij in de beginjaren 80 een pand aan de ds. Martin Luther Kingweg, waar zij een terrein kochten. Daar staat tot de dag van vandaag de zendelingenschool Hebron.

De gebouwen die op dat terrein werden geplaatst, werden met behulp van middelen uit Suriname, Nederland, Zweden, Engeland en de Verenigde Staten gebouwd. De school was geheel zelfvoorzienend. Er werden onder meer kippen en varkens gehouden om in de eigen behoefte te voorzien.

Afgestudeerden

De afgestudeerden van de zendelingenschool werden ingezet in het werk van de Heer. Zij deden evangelisatiewerk, vooral in het binnenland. Later zouden zij gemeenten gaan stichten op verschillende plaatsen en in verschillende dorpen.

---

[1] Hoewel er in dit boek regelmatig gesproken wordt over de Bijbelschool, werd in de beginjaren gesproken over het "trainingscentrum Slootwijk." Toen het centrum verhuisde naar de Highway werd het 'Hebron'. Hebron was de plaats waar het Landbouw en Veeteelt project Hebron en de Zendelingenschool Hebron werden ondergebracht.

[2] Oliver, persoonlijke communicatie.

[3] De leiders kozen niet de naam 'Volle Evangelie Centrum' omdat er volgens Kool (n. d. 74, 75) maar één evangelie is. "En dat is vol, dat is goed, heerlijk, vreugdevol, zoals we lezen in Galaten 1: 6-10. Alles wat men daaraan toevoegt, schept beperkingen."

[4] Gregor 2012:43.

[5] *Evangelie Centrum Suriname.*

[6] Kool, n. d. 75.

[7] Kool n.d. 73. Volgens Kool kwam het plan van de ranch van Cooper.

[8] Kool, n.d.

[9] Volgens Oliver verhuisde de school eerst naar de Maystraat en vervolgens naar de Soekhoelaan.

DE MACNACKS EN DE EERSTE JAREN AAN DE MARTIN LUTHER KINGWEG (1981-1989)

In de eerste jaren van de school werkte Cooper als directeur. Oliver nam deze taak ook weleens waar. In 1981 kreeg de school een Surinaamse directeur. De oprichters kozen voor een van de eerstelingen van de school, Benny en Joan Macnack. Wat Paulus tegen de gelovigen in Korinthe zei, met betrekking tot Stefanas, een eersteling, was ook van toepassing op Benny en Joan.

> *Ik heb nog een verzoek aan u, broeders en zusters. U weet dat Stefanas en zijn huisgenoten als eersten in Achaje tot geloof gekomen zijn en dat ze zich in dienst van de heiligen hebben gesteld. Aanvaard hun gezag en dat van alle anderen die zich samen met hen zoveel moeite geven. (1 Kor. 16:15-16)*

Het gezin Macnack

Benny Macnack werd geboren op 13 oktober 1950. Als kind ging hij geregeld met zijn moeder mee naar een gemeente. "Toen ik elf jaar oud was kwam br. Karel Hoekendijk naar Suriname. Bij de oproep ben ik naar voren gegaan, omdat ik op dat moment aangesproken was door het Woord, maar ik kan niet zeggen dat ik wederom geboren was." Zijn bewuste overgave aan de roep van Christus kwam een paar jaar later.

Op 2 januari 1964 predikte een Guyanese broeder, John Smith, tijdens een jeugddienst over de bekende Bijbeltekst Johannes 3:16.

> *"Want alzo lief heeft God de wereld gehad, dat Hij zijn eniggeboren Zoon gegeven heeft, opdat een ieder, die in Hem gelooft, niet verloren ga, maar eeuwig leven hebbe."*

"Hij nodigde ons uit de Here Jezus aan te nemen voordat het te laat was. Die avond ging ik naar voren om Jezus aan te nemen. Toen ik Hem die avond toeliet, was het anders dan alle andere keren waarop ik naar voren was gelopen. Alles werd nieuw in mij; ik werd wedergeboren, vernieuwd; alles om me heen leek nieuw te zijn. Ik weet zonder enige twijfel dat ik die dag totaal veranderde, ik werd een ander mens."

Na zijn bekering kreeg hij een geweldige honger om van God te horen. Hij verlangde als 'een pasgeboren zuigeling naar de zuivere melk van het woord' opdat hij daardoor zou groeien (1 Pet. 2:2). Vijf jaar lang bezocht hij heel trouw alle diensten die in de gemeente werden gehouden. Benny wist toen al heel duidelijk dat hij zijn leven voltijds in de dienst van de Heer Jezus Christus moest wijden. Dat was heel anders dan wat hij wou doen. Hij wou namelijk voetballer worden. Spreken in het openbaar was niets voor hem omdat hij stotterde. Daarnaast was hij niet geïnteresseerd in school. "Ik was al bijna vijftien en ik zat nog steeds op de lagere school."[1] Evenals het tegenspreken niet werkte bij Mozes, werkte het bij hem ook niet (vergelijk Exodus 3). God had plannen met hem, waarvan hij niet wist.

Toen het Evangelie Centrum Suriname (ECS) op 3 maart 1969 van start ging met een Bijbelschool, meldde Benny zich als eerste student aan.

De jonge Benny kreeg al heel snel verantwoordelijkheden in het werk van de Heer. In 1970 ging hij naar Wageningen om daar een gemeente te leiden. In dat jaar ging er uit dat gebied een studente, Joan Mangroe, naar Slootwijk voor de training. Joan was van 1965 tot 1968 als onderwijzeres gevestigd in Nieuw-Nickerie. Zij ging in die periode af en toe in het weekend naar haar moeder in Wageningen en hielp de gemeente die daar was ontstaan. In 1968 verhuisde zij naar Paramaribo en ze ging twee jaar later naar de Bijbelschool.

Benny en Joan traden op 23 juni 1973 in het huwelijk. Samen zouden zij een belangrijke rol vervullen in het werk van de Heer in Suriname en daarbuiten.

Hoewel de familie in de bediening vele wonderen en tekenen had gezien, begrepen zij niet altijd waarom de Heer sommige dingen toeliet in hun leven. Een van die dingen was bij hun eerste zwangerschap in de jaren zeventig. Het kindje kwam niet levend ter wereld. Joan kreeg een miskraam. Ook een tweede zwangerschap eindigde voortijdig. "Na 7 maanden kregen wij een prachtig jongetje dat we Benaja noemden. Hij werd na 2 dagen door de Heer teruggenomen."[2] Het paar leerde uit eigen ervaring dat werkers van God niet gespaard worden van moeilijkheden en problemen.

> *"Talrijk zijn de rampen van de rechtvaardige,*
> *maar uit die alle redt hem de HERE" (Psalm 34:20).*

In andere situaties verlangt de Heer dat wij Hem vertrouwen, ook al zijn dingen niet duidelijk. De gelovigen hebben wel het woord van God dat hen verzekert:

> *"Wij weten nu, dat [God] alle dingen doet medewerken ten goede voor hen, die God liefhebben, die volgens zijn voornemen geroepenen zijn" (Rom. 8:28).*

De Heer zegende het paar later echter met drie kinderen, twee dochters en een zoon, Natasha, Deborah en Robert. De ouders kenden de vreugde van hun kinderen te zien wandelen met de Heer. Zij werden ook gezegend met drie levenslustige kleinkinderen, namelijk twee kleinzoons en een kleindochter.

De Heer bewees in de weg die hij opging met de kinderen zijn trouw aan zijn knechten. Benny had niet verder gestudeerd. Hij en zijn vrouw hadden zich gewijd aan de dienst van de Heer. Zij hadden echter aan God gevraagd te helpen met de zorg en scholing van de kinderen. Zij konden de kinderen verzorgen maar voor verdere scholing konden zij niet zorgen. Zij wilden niet verweten worden dat zij geen scholing hadden kunnen geven, omdat zij in de dienst van God waren. God hoorde hun gebed.

Natasha[3] en Robert[4] mochten allebei na hun studie hier in Suriname voor vervolgopleidingen naar Amerika gaan. Bij Deborah ging het studeren ook gemakkelijk af. Zij was echter niet over te halen tot het volgen van lange schoolopleidingen. Ze koos voor de verzorgende richting en toen ze die met succes gevolgd had, ging ze het werkveld in. Ze gaf zich helemaal voor het werk met kinderen als crèche- en peuterleidster in oppashuizen, maar ook thuis zette ze zich in voor de kinderen van anderen. Ook volgde ze verschillende korte opleidingen om zich verder te bekwamen. Helaas werd zij in 2017 door de Heer thuisgehaald.

Bijbelschool

Op twintigjarige leeftijd werd Benny voorganger van de ECS-gemeente in Wageningen, Nickerie. Daar diende hij ruim tien jaar. In die periode was hij ook actief in Coronie en Saramacca.

In maart 1981 kwam het gezin van Benny en Joan Macnack terug naar de Bijbelschool. Echter kwamen zij niet als studenten, maar om er leiding te geven. Het echtpaar gaf tot 1989 leiding aan de school.

Toen het gezin naar Paramaribo kwam had het geen eigen woning. Man en vrouw moesten daarom gescheiden wonen. Joan bleef bij haar broer Jeff en Benny bij de familie Orie.

In april 1981 werd 'Hebron' officieel gekocht. Op het stuk grond bevond zich een woning met een boven- en benedenvertrek. De Macnacks namen in diezelfde maand de leiding over van de bijbelschool. De studenten verhuisden van de Soekhoelaan naar Hebron. Het ging om onder andere Frans Freedrik, Phyllie van Riessen, Ruth Petrusie, Paulus Kromodimedjo, Tino Rebin en het echtpaar Pietro en Eugenia Brown. Later kwamen er ook andere studenten zoals Roel Burgrust, Rudolf Martinus, Johan Dore, Humphrey Apaw, Kenneth Simons, Cynthia Damburg, Salomina Petrusi, Linde-Loe Samson, Ruth Mangroe, Legini Altawidjaja en het echtpaar Arno en Loes Boetius.

37

De broeders woonden in een kamer op de begane grond en in een kleine (arbeiders)woning op het terrein. De zusters woonden boven bij de familie Macnack, in een afgeschut gedeelte van de woonkamer en de in tweeën gedeelde kamer van de kinderen. "Het was even roeien met de riemen die we hadden. Langzaam maar zeker werden er, samen met de studenten, andere huizen gebouwd." ECS zette in samenwerking met Gods Bazuin op het terrein een veeteeltproject op. "Er waren koeien, varkens, slachtkippen en leghoorns. Er was goede afzet voor de eieren. Naast veeteelt werd er ook gekeken naar bosbouw. Er werd een zaagmolen gekocht om hout te verwerken."

Als onderdeel van het leiden van de Bijbelschool waren Benny en Joan ook betrokken bij het persoonlijk leven van de studenten. Zij waren hun geestelijke en persoonlijke begeleiders. Zij oefenden op die manier invloed uit op de vorming en bediening van de studenten. Vaak was er ook begeleiding in het kiezen van een partner en het huwelijk.

Na iets meer dan acht jaar gediend te hebben, trad het echtpaar af als directeur om zich toe te leggen op het leiderschap van het groeiende werk van ECS.

---

[1] "Gemeente in Beeld Kandelaar", p. 23.
[2] Joan Macnack, persoonlijke communicatie, dec. 2017.
[3] Natascha wilde na haar studie in Suriname stage gaan lopen in Amerika. Zij regelde alles zelf en hoefde er niet voor te betalen. Toen zij verder wou studeren, ging zij op vakantie naar Amerika en regelde zij alles zelf bij een universiteit. Zij kreeg een beurs en mocht haar doctorsgraad behalen. Zij is momenteel 'assistent Professor.'
[4] Na enkele jaren hier in Suriname de medische faculteit bezocht te hebben, ging Robert op Curaçao naar een universiteit. Voor verdere studie moest hij naar Amerika en op onverklaarbare wijze opende God zijn deuren en maakte Hij ook dit mogelijk. De Heer voorzag wonderlijk. Robert mocht zonder een beurs studeren. Thans is hij als arts, gespecialiseerd in "Family health", werkzaam in de Verenigde Staten van Amerika.

HEBRON ONDER DE OLIVERS (1989-2012)

Zoals we eerder zagen, kwamen Chester en Maureen Oliver in december 1970 naar Suriname. Zij waren actief betrokken bij het werk en kenden de Surinaamse samenleving heel goed. Zij namen het directeurschap van de Macnacks over en dienden van september 1989 tot september 2012.

Onder hun leiding onderging de Bijbelschool een paar veranderingen. "Vanaf het begin met Cooper, Kool, Macnack en Oliver stelde iedere docent voor welke lessen hij of zij zou verzorgen. Er was nog geen structuur. Ook de tijdsduur van het hele programma was flexibel. Het een en ander hing af van de beginsituatie en de groei van iedere individuele student." De Olivers namen de verdere groei en stabilisatie van het instituut ter hand.

Evenals onder de voorgaande directeuren dienden afgestudeerden van de Bijbelschool als docenten. Volgens Oliver ging het onder andere om de volgende personen, die een of meerdere vakken, eenmalig of over een bepaalde periode verzorgden.

ECS Docenten in alfabetische volgorde			
Martha Aloewel	Walter Emanuelson	Joan Macnack	Dennis Redmount
Robby Aloewel	Ruben Filemon	Barbara Monroe	Ricardo Resowidjojo
John Amoida	Earl Gravenbeek	Howard Muse	Soenarnie Resowidjojo
Ilma Basaron	G. Gravenbeek	Chester Oliver	Melvin Roye
Lilien Brunings	Ewald Gregor	Maureen Oliver	David Seedorf
Moestafa Brunings	Shailinder, Jangali	Iwan Oron	John Soerowirjo
James Cooper	R. Jokhan	Jerry Perica	Purcy Tjin Kon Kiem
Linda Cooper	Karl Kasanpawiro	Jason Pinas	Jurman Van Ommeren
Stanley Dissels	Michael Libby	Mureille Pinas	
Robby Dragman	Marlon Mac Bean	Carlo Pojoto	
Ruben Dulder	Benny Macnack	Richard Rebin	

Het curriculum

Oliver werkte aan een nieuw curriculum voor de school, dat er als volgt uit zag:

Curriculum

Aanbidding (I, II, III)	Fundamenten van het Geloof	Nederlands
Algemene Brieven (I, II)	Gebed I en II	Nieuw Testament Gemeente
Bijbelstudie Methoden	Geestelijkheid	OT Geschiedenis (Genesis tot en met 2 Kronieken, I, II, III)
Christelijke Scholen	Gezinsleven	OT Profeten (I, II, III)
De brieven van Paulus (I, II, III, IV, V, VI)	Goddelijke Oefeningen	Overzicht van de Bijbel
De Evangeliën (I, II, III)	Handelingen	Pastoraat (I, II)
De Gelijkenissen	Hedendaagse Waarheden	Strijd in de Hemelse Gewesten
De Gemeente (I, II)	Hermeneutiek (I, II)	Surinaamse Kerk Geschiedenis (I, II)
De Verbonden	Homiletiek, Preekkunde	Systematische Theologie (I, II, III)
Engels	Hooglied	Tabernakel van Mozes
Eschatologie	Jeugdwerk	Tekenen en Wonderen
Ethiek	Karakter	Wereldgodsdiensten
Evangelisatie en gemeentegroei	Kinderwerk	Zending (I, II)
Feesten van Israël	Leiderschap (I, II)	Zending (II, III)

De Bijbel kreeg veel aandacht tijdens de studie, te beginnen met een overzicht van de hele Bijbel en van de boeken van het Oude Testament. Het hele Nieuwe Testament werd vers voor vers behandeld. De brieven van Paulus, die tijdens de lessen van Oliver aan bod kwamen, aangegeven als Romeinen tot Hebreeën, kregen veel aandacht. Aan deze brieven werd een periode van twee jaar, met in totaal 144 tot 156 lesuren, besteed. Volgens Oliver werd Paulus benadrukt vanwege het belang van zijn boodschap voor de tijd waarin wij nu leven, de tijd van de gemeente, de tegenwoordige tijd. Paulus sprak in Efeze 3 over de geheimenis die aan hem werd geopenbaard met betrekking tot Gods plan met de heidenen, de niet-Joden.

> *Mij is in een openbaring het mysterie onthuld waarover ik hiervoor in het kort heb geschreven. Aan de hand daarvan kunt u zich, wanneer u dat leest, een beeld vormen van mijn inzicht in dit mysterie van Christus… De heidenen delen door Christus Jezus ook in de erfenis, maken deel uit van hetzelfde lichaam en hebben ook deel aan de belofte, op grond van het evangelie. Van dat evangelie ben ik een dienaar geworden door de gave van Gods genade, die ik ontvangen heb door zijn kracht die in mij werkt (Ef. 3:3-4, 6-7)*

Studenten die een certificaat of diploma wilden behalen, moesten de hele Bijbel drie keer hebben gelezen in de tijd die zij op Hebron waren. Dat was volgens

Oliver heel belangrijk: "Hoe kunnen wij een werker zijn als wij de gids, de Bijbel, niet kennen?"

Tijdens het driejarig programma volgden de eerstejaarsleerlingen apart de vakken, terwijl de tweede en derdejaars samen les volgden.

Hebron had ook toelatingseisen. In de eerste plaats moest er sprake zijn van een duidelijke bekeringsgetuigenis. Ten tweede moest de student zich bewust zijn van een duidelijke roeping voor de bediening. Ten derde moest de student de overtuiging hebben dat God hem/haar naar Hebron had gestuurd. Dit punt was belangrijk omdat de leiding van Hebron zich bewust was dat zij niet de enige mogelijkheid was voor mensen die opgeleid wilden worden. Ten vierde was er een aanbeveling van de voorganger nodig. De student moest gedurende een periode van een jaar een getuigenis van goed gedrag hebben in de plaatselijke gemeente en de leiding van Hebron moest ook overtuigd zijn dat God de leerling naar hen had gestuurd.

Het programma

Het studieprogramma op Hebron legde naast Bijbelkennis ook de nadruk op karaktervorming. De directeur verwachtte van de studenten onmiddellijke gehoorzaamheid en goed gedrag. "De directeur heeft niet altijd gelijk, maar hij is wel altijd de directeur." Oliver legde verder uit: "Wanneer een student op Hebron, waar alles voor hem werd gedaan, zich niet kon houden aan de discipline, dan zou die student het ook niet kunnen op zendingsveld."

Van de studenten werd ook verwacht dat zij geestelijk zouden groeien. Het maakte niet uit waar zij geestelijk waren toen zij binnenkwamen. Het was wel belangrijk dat zij, wanneer zij afstudeerden, veel verder waren gegroeid in hun geloof.

De studenten kwamen maandag niet later dan 16.00 uur binnen. De lessen werden van dinsdag tot en met vrijdag verzorgd.

Dagindeling

5.30	Stille tijd
6.00-7.00	Werktijd
8.00-9.00	Gezamenlijke bidstond
9.00-13.00	Lessen
13.00-16.00	Middageten en rusttijd
16.00-18.00	Werktijd
19.15	Avondeten
20.00-22.00	Verplichte studietijd
23.00	Lichten uit

Tijdens de werktijd moesten de mannen harken, schoonmaken, in de tuin werken, enzovoorts. De zusters waren in de keuken bezig. Eén ploeg deed het ontbijt en een andere het middageten.

Naast de lessen kregen de studenten genoeg gelegenheid om te oefenen in de bediening, zoals het leiden van samenkomsten. Zij deden dat om de beurt tijdens de gezamenlijke bidstonden. Elke donderdagavond was er een dienst waarin zij, om de beurt, een bepaald deel leidden, zoals de aanbidding, de prediking of de gehele dienst.

Studenten werden in hun plaatselijke gemeenten ook praktisch ingezet. "Na het derde jaar volgt er nog een half jaar stage in de gemeente of ergens anders (met toestemming van de gemeenteleiding). Als dit goed is afgerond, dan wordt er een diploma uitgereikt."

Afgestudeerden

Waar dienden de afgestudeerden van de Bijbelschool? Volgens Oliver dienden zij op veel plaatsen, in alle districten van Suriname. Afgestudeerden dienden ook in het buitenland en wel in verschillende continenten. Zij dienden op St. Laurent, Cayenne en in het binnenland van Frans-Guyana. Op de Antillen werkten zij op Aruba, Bonaire en Curaçao. Op het Europese continent dienden zij in Duitsland en Nederland. In Azië was dat in India. In Noord-Amerika, de Verenigde Staten en in Ghana, Afrika.

Terugblik

Chester keek dankbaar terug op de tijd die hij mocht arbeiden op de Bijbelschool. Maar toch zou hij sommige dingen anders willen aanpakken indien hij opnieuw zou beginnen. "Ik zou meer tijd met elk van de broeders persoonlijk doorbrengen. Ik zou hen beter leren kennen. Ik ben zwak op sociaal gebied. Ik kende de broeders niet goed genoeg." Maureen was juist het tegenovergestelde. Zij kende elke zuster zo goed als haar eigen kinderen. Zij had een goede band met allen en had geen 'favorieten'.

Berea Trainingsinstituut

Chester Oliver verzorgde elke dinsdag in de gemeente Munder een avond, georganiseerd vanuit de Bijbelschool. Tijdens de bijeenkomst werd er een onderwerp behandeld. "Ik heb eschatologie, Romeinen, de boodschap van Paulus en andere onderwerpen behandeld." De bedoeling van dit instituut was het vormen van een kader binnen de plaatselijke gemeenten.

In januari 1998 ging de school van start met een nieuwe opzet, onder leiding van Marlon Mac Bean. Ruben Dulder en Robby Aloewel werden aangetrokken voor de school en gingen als docent aan het werk. De school, Berea, bood een tweejarig programma aan. Nadat Mac Bean en Dulder vertrokken naar het buitenland, werd Aloewel de nieuwe directeur.

De school werd uitgebreid en gesticht in de districten Nickerie en Saramacca. In februari 2000 werd er gestart met lessen in Frans-Guyana. In 2003 werd het programma aangeboden in Commewijne, Moengo in combinatie met Albina en Futunakaba in combinatie met Tjalikondre, Guyaba en Botopasi. Mensen van verschillende gemeenten namen deel aan de lessen in de districten.

Vroege medewerkers van BTI	
Robby Aloewel	Marlon Mac Bean
Ruben Dulder	Chester Oliver
Ewald Gregor	Carlo Pojoto
Shailinder Jangali	Dennis Redmont

In de nieuwe vorm trainden BTI-gemeenteleden en tijdens de lessen lag de nadruk op Kennis, Bediening en Karaktervorming (geestelijk leven). Het programma duurde 2 jaar. Elk jaar bestond uit 3 blokken (lesperioden) van 4 maanden.

STRUCTUUR BINNEN ECS

"En hij is het die apostelen heeft aangesteld, en profeten, evangelieverkondigers, herders en leraren, om de heiligen toe te rusten voor het werk in zijn dienst. Zo wordt het lichaam van Christus opgebouwd." (Ef. 4:11-12, NBV)

In de vroege jaren (1969-1977) was de visie van ECS om werkers klaar te maken voor het werk van God in Suriname. In de jaren 1977-1990 werd de visie verbreed tot het klaarmaken van werkers voor het Caraïbisch gebied. Na 1990 werd de visie nog meer verbreed tot een wereldvisie. Een van de aanleidingen voor de verbreding van de visie waren de profetieën. Profetische boodschappen gaven aan dat werkers van bijbelschool Hebron overal in de wereld terecht zouden komen.[1] Afgestudeerden van de school dienden inderdaad in verschillende landen.

ECS afgestudeerde medewerkers buiten Suriname		
Aruba	Arno Boetius	
Bonaire	Samuel Petrusie	
Curaçao	Ruben Dulder	
Duitsland	Winston Tjong-Ayong	
Frankrijk	Johan Dore	
Frans-Guyana	Andre Alasa	Modens Sawme
	A Roethof	Kenneth Misidjan
	Tino Rebin	Ronald Dinkoi
	Kenneth	John Vorswijk
	Dominie	Anthony Pansa
	Carlos Pinas	
	Carlo Pojoto	
India	Fam. Moestafa Brunings	
Nederland	Stanley Dissels	
	Marlon Mac Bean	
	Franklin Watson	
Verenigde Staten	Robby Dragman	
	John Slagtand	

Deze lijst is verre van volledig. Verschillende afgestudeerden mochten ook in andere dan de hierboven genoemde landen dienen en het evangelie verkondigen.

Eerste leidersteam

Br. Kool was tot 1973 verbonden aan de Bijbelschool. Hij vertrok daarna naar Nederland.

> *"In 1972 bleek ik een goedaardige vorm van huidcarcinoom te hebben. Daarom, en ook al omdat onze twee kinderen naar het middelbare onderwijs moesten, zijn we begin 1973 naar Nederland teruggekeerd. Na nog enige keren Suriname bezocht te hebben zijn Corrie en ik van 1979 tot 1983 er weer werkzaam geweest in verband met het Evangelie Centrum Suriname."*[2]

De groei van het werk, met het stichten van nieuwe gemeenten, vroeg naar duidelijke relaties tussen de gemeenten onderling. Daarnaast bleek er behoefte te zijn aan leiderschapsrelaties. Rond het midden van de jaren tachtig had ECS gemeenten in Commewijne, Paramaribo, Marowijne, Nickerie en Boven-Suriname. De pioniers van het werk wisten dat er structuur aangebracht moest worden om het groeiende werk op te vangen. Er werd ondertussen ook nagedacht over de versurinamisering.

"Wat we als werkers gemeen hadden met elkaar was dat we dezelfde Bijbelschool hadden doorlopen en dezelfde visie hadden. We begonnen geleidelijk aan, vooral omdat we verspreid in het land werkten, uit elkaar te groeien, wat we niet graag wilden." Dit probleem werd met de verschillende leiders besproken. Zij zagen het probleem ook in, maar waren bang voor denominatievorming. Zij wilden geen denominatie worden met een leiding die van bovenaf alles regelde. Zij wilden structuur in het werk brengen, zodat de gemeenten bij elkaar zouden blijven, zonder dat er geweld werd gedaan aan de autonomie van de plaatselijke gemeente.

ECS besloot om advies in te winnen bij Mohabir, die ook een dergelijk werk in Guyana had opgezet. De gemeenten die door zijn Bijbelschoolstudenten werden gesticht, werden ondergebracht bij de *Full Gospel Fellowship*. Cooper en Macnack reisden naar Guyana en brachten een paar dagen door met de Guyanese broeders. Zij bespraken hun situatie met hen en nodigden Mohabir uit om naar Suriname te komen. Bij terugkeer uit Guyana brachten de afgevaardigden verslag uit.

In 1978 kwam Mohabir naar Suriname om samen met Cooper en anderen na te gaan hoe er aan het werk enige structuur gegeven kon worden. Er werd een seminar gehouden in Koesikwarano, Lust en Rust. De werkers van ECS waren goed vertegenwoordigd en konden zich volledig terugvinden in de presentatie van Mohabir.

Er werd onderricht gegeven over hoe de apostelen in het Nieuwe Testament te werk gingen en plaatselijke gemeenten stichtten. Er werd gekeken naar de relatie tussen de apostel en de gemeente, de verantwoordelijkheid van de oudsten ten opzichte van de gemeente, de verantwoordelijkheid van de oudsten naar de apostelen toe en omgekeerd. Er kwam ook duidelijk naar voren dat een apostel niet op zichzelf stond, maar dat er sprake was van een team.

Op de laatste dag van het seminar werd voorgesteld om een team van leiders aan te stellen, een apostolisch team, dat leiding zou geven aan het werk. Dit team zou verantwoordelijk zijn voor het algeheel richting geven aan het werk. De teamleden zouden ook belast zijn met de pastorale zorg en andere zorg als het ging over de werkers. Van de werkers werd onder andere acceptatie en erkenning van het team gevraagd. Verder moesten zij loyaal, trouw, gehoorzaam, liefdevol en toegewijd zijn. Zij moesten het team ook raadplegen bij belangrijke beslissingen.

Het voorstel werd door de werkers aangenomen en het eerste leidersteam werd samengesteld. Dit bestond uit zeven broeders.

Het eerste leidersteam	
James Cooper	Harry Outar
Stanley Dissels	Kames Petrusi
Benny Macnack	Johnny Slagtand
Chester Oliver	

James Cooper had de leiding over het team.

Het leidersteam besloot de volgende visie na te streven: "het evangelie prediken in elk woongebied en Nieuwtestamentische gemeenten stichten." Zij zouden zo veel als mogelijk bevolkingsgroepen moeten bereiken. In de gemeenten zouden leiders, oudsten en diakenen, worden aangesteld. In de gemeenten zouden de gaven van de Geest functioneren. De gelovigen zouden gebracht worden op de plaats waar zij hun gaven en bediening ontdekten en gebruikten. De plaatselijke gemeente zou ook de plaats zijn van aanbidding en dienst aan de medegelovigen.

In 1984 verhuisde Cooper, nadat hij vanaf 1980 voor het overgrote deel van de tijd in het buitenland zat, voorgoed uit Suriname. De leiding van de Bijbelschool lag vanaf 1981 in handen van Benny Macnack. Toen Cooper in 1984 het land verliet, werd het voorzitterschap van het leidersteam ook overgedragen aan Macnack.

Het Secretariaat

De *Full Gospel Fellowship* (FGF) in Guyana had vele jaren een goed draaiende drukkerij. Toen het in Guyana vanwege de toen heersende economische situatie heel moeilijk werd het nodige materiaal te verkrijgen, werd besloten de drukkerij naar Suriname te verhuizen. Vanwege de goede relatie tussen ECS en FGF zou dit ten gunste zijn van beide organisaties. De drukkerij werd in Suriname ingeschreven onder de naam 'Doulos'. In oktober 1979 verhuisden Sherlock en Mavis Tacoordeen mee met de drukkerij naar Suriname. Sherlock was de drukker in Guyana. Jan Kool was met dit werk belast als manager, en werkte hard om de drukkerij draaiende te houden. Dit deed hij tezamen met Tacoordeen. Drukkerij Doulos had in 1980 administratief medewerkster Carmen Le Couvreur en Paulus Kromodimedjo, die in opleiding was om het drukkerswerk te leren, in dienst.

ECS maakte gebruik van de ruimte van Doulos om brieven en uitnodigingen te verzenden. Het onderhouden van contact met de werkers in binnen- en buitenland, het organiseren van kampen, seminars en conferenties vond vanuit 'Doulos' plaats. Geleidelijk aan werd het kantoor van Doulos een secretariaat.

In februari 1991 kwam de familie Brunings vanuit Nickerie aan en het gezin werd belast met het secretariaatswerk. In datzelfde jaar kwamen Winston Tjong-Ayong en Unitia Seedorf erbij. Tjong-Ayong diende als hoofd van het secretariaat. Op 15 maart 1993 vertrok de familie Tjong-Ayong naar Nederland, om daarna Duitsland aan te doen vanwege hun roeping.

De familie Mac Bean werd belast met het secretariaat en het personeel werd uitgebreid. Naast Unitia Seedorf werkten ook Robby en Martha Aloewel in de drukkerij. Robby diende ook als postbode. Moestafa Brunings en Margo Pocorni gaven ook hun krachten binnen het secretariaat. Nadat de overige mensen vertrokken waren uit de drukkerij, bleef Unitia Seedorf alleen op het secretariaat. Zij diende er ruim 10 jaar.

In 2004 werd Iwan Oron belast met de leiding en hij zette alles op alles om het secretariaat een ander gezicht en andere plaats te geven in het werk. Joan Macnack en Martha Aloewel ondersteunden vanaf 4 juni 2004 het werk, bijgestaan door enkele van de Bijbelschoolafgestudeerde zusters. Het gebouw kreeg een "new look" vanbinnen. Het had nu een vergaderruimte, een bibliotheek, een ruimte voor het kinderwerk en een keuken.

Momenteel beschikt het secretariaat niet over een vaste medewerker.

International Christian Leaders Connection

ECS werkte ook aan een internationale structuur. De organisatie werd deel van de International Christian Leaders Connection (ICLC). ICLC was een netwerk van leiders uit verschillende landen, uit haast elk continent, dat op basis van een gezamenlijke visie bij elkaar was gekomen. Het netwerk werd in 1984 opgericht. De visie werd tijdens de conferentie van het netwerk in november 1999, waarbij Suriname gastland was, als volgt weergegeven: *"Orchestrating a worldwide penetration of the gospel"* (Orkestreren van een wereldwijde penetratie van het evangelie). Deze visie wilde het netwerk realiseren door samen te werken en goed functionerende apostolische teams in elke natie te helpen opzetten.

De eerste leiders van ICLC waren Philip Mohabir, die werd gezien als de 'vader', James Cooper, Lionel Etwaru en Sam Matthews. Daarna werden de volgende leiders toegelaten: Richard Hayes, Benny Macnack, Samuel Mattai, Samuel Rhein, Kobus Swart, Allan Tay en Elsworth Williams. Deze leiders werden de 'Apostolic Company' genoemd.[3] Benny Macnack werd in het netwerk opgevolgd door Iwan Oron, zijn functie werd vertegenwoordiger van Suriname.

Verdere structuur in Suriname

Op 15 februari 2006 ging ECS ertoe over haar gemeenten in te delen volgens regio's.[4] Volgens een lijst, samengesteld op 21 januari 2013, werden de gemeenten opgedeeld in negen regio's, te weten: Paramaribo-Zuid, Paramaribo-West, Wanica, Para-Brokopondo, Commewijne, Boven-Suriname, Moengo en Omgeving, Frans-Guyana en West.

Nieuwe leiders

In oktober 2010 droeg Benny het leiderschap over aan een nieuw team. Het nieuwe team bestond uit tien broeders. Deze mannen waren reeds in 2006 ingezegend in de 'vijfvoudige bedieningen'.

Naam	Bediening
Robby Aloewel	Leraar
Freddy Eduart	Herder
Asoinda Haabo	Apostel
Karel Kasanpawiro	Apostel
Iwan Oron	Apostel

Richene Petrusi	Apostel
Richard "Tino" Rebin	Apostel
Modensi Saaki	Profeet
Max Saaki	Herder
Naifa Saling	Evangelist

Binnen dit team bestond er een *"core team"* onder voorzitterschap van Iwan Oron. Andere leden van het "core team" waren Robby Aloewel, Asoinda Haabo en Karel Kasanpawiro.

---

[1] Veltman, 37.

[2] Kool, n.d. 104.

[3] Zie de website van ICLC voor nieuwe leiders. http://iclcnetwork.com/about-us/apostolic-company/

[4] In het visiedocument van ECS wordt het doel van de regionale indeling uitgewerkt. Dit document is als aanhangsel opgenomen in het boek.

3. GEMEENTEN

Ga dan heen, onderwijs al de volken, hen dopend in de Naam van de Vader en van de Zoon en van de Heilige Geest, hun lerend alles wat Ik u geboden heb, in acht te nemen.
(Mat. 28:19)

GEMEENTESTICHTING IN HET ZUIDEN VAN HET LAND

Er kwamen studenten van verschillende achtergronden naar de Bijbelschool. Sommigen kwamen vanuit een bestaande gemeente, weer anderen gingen op eigen initiatief naar de school. Zij deden dat, omdat zij geloofden dat de Heer hen had geroepen voor zijn werk. Nadat deze studenten waren afgestudeerd, hadden zij geen eigen gemeente van waaruit zij zouden kunnen werken. Er werd in nauwe samenwerking met de leiding van ECS besloten om iets te gaan doen in het Koninkrijk van God.

De activiteiten vanuit de school creëerden nieuwe uitdagingen. De studenten moesten tijdens hun studie op verschillende plaatsen van het land gaan evangeliseren. Als gevolg van deze activiteiten ontstonden er, in de eerste jaren, gemeenten en evangelisatieposten in Moengo, Perica en Canawapibo aan de Oost-Westverbinding, Slootwijk, Nieuw-Amsterdam, Wageningen, Brokopondo en Futunakaba.

De leiding van ECS besloot de studenten naar die plaatsen te sturen om de mensen die tijdens de evangelisatie-activiteiten tot geloof waren gekomen verder te helpen in hun geloof.

ECS richtte zich vooral op het binnenland als het ging om gemeentestichting. Die keus werd gestimuleerd door de contacten met Kitty Uyleman. Uyleman ging al regelmatig naar het Brokopondogebied om te evangeliseren. Vanwege de aanwezigheid van meerdere pinksterkerken in Paramaribo vonden de leiders van ECS het ook wijs om ergens anders te gaan.

Wedankondre

Een van de eerste plaatsen waar een zendingspost kwam, was op *Wedankondre,* ook wel Wedan genoemd. Wedan lag tussen Balin Soela en Afobaka in het district Brokopondo. De Jamaicaan Sephestine huurde daar een leegstaand gebouw van de heer Theo Aboikini. Het echtpaar Paul en Ireen Kong A San sloot zich ook aan bij het werk in Wedan.

Op Wedan wilden de Jamaicaanse broeders, naar het model in hun eigen land, een Boys Ranch op zetten. Zoals wij al eerder aangaven, ging dit plan niet door. Een van de doelen die op Wedan werd gerealiseerd, was om mensen die graag de Bijbelschool wilden bezoeken een vooropleiding te geven. De studenten zouden tijdens deze vooropleiding het Nederlands leren. Dit zou hen in staat moeten stellen, om wanneer zij op de Bijbelschool waren, beter te kunnen lezen en zo de opleiding beter te volgen.

De studenten die er woonden deden van alles. Zij bouwden huizen en onder leiding van Vassell beoefenden zij landbouw. "De dagelijkse activiteiten toen waren lessen en trainingen in de ochtenduren. Tussen twee uur en half vijf werd er gewerkt in het veld. Er werd geplant en er werden onderhoudswerkzaamheden gedaan aan de plaats. In de avonduren, dus vanaf zes uur, werd er geëvangeliseerd in de verschillende plaatsen. Verschillende Javanen kwamen toen tot geloof in de Heer. In die tijd woonde een aantal Javanen op Brokobaka en Victoria. Wij hadden de meeste Javaanse [pinkster] christenen in Suriname in die tijd."[1] Zij bezochten niet alleen de diensten op Wedan, zij gingen ook mee naar de dorpen voor evangelisatie-activiteiten. God doorbrak in die tijd de etnische scheidingen die er waren onder de verschillende bevolkingsgroepen die in de omgeving woonden.

> *"En verzoende hij door het kruis beide in één lichaam met God, door in zijn lichaam de vijandschap te doden. Vrede kwam hij verkondigen aan u die ver weg was en vrede aan hen die dichtbij waren: Dankzij hem hebben wij allen door één Geest toegang tot de Vader." (Ef. 2:16-18)*

Het lag in de bedoeling om de vooropleiding van Wedan later uit te bouwen tot een tweede Bijbelschool, naast die van Slootwijk.

Vanuit Wedan gingen de werkers met hun studenten naar de dorpen in de omgeving voor evangelisatiebijeenkomsten. Zij bezochten onder andere Brokopondo Centrum, Balin Soela, Asigron, Brokobaka en Victoria. Tijdens deze samenkomsten predikten de Jamaicaanse broeders het evangelie in het Srananantongo aan de plaatselijke bevolking. Zij maakten gebruik van de vertaalde liederen, die zij graag zongen met een Jamaicaans accent. Een van de geliefde liederen op Brokopondo Centrum was: *Yep' mi begi ala dei.* Het lied bracht de boodschap van het evangelie heel duidelijk. *Kon poti ala sondu na Masra Yesus futu èn nyun libi En sa gi.*

Deze post werd heel belangrijk voor het werk van ECS in het Boven-Suriname gebied. Sephestine en Cooper maakten kennis met twee mensen uit dat gebied. Zij ontmoetten Vooma op Balinsula en Gotalie op Brokobaka. Dit resulteerde in een van de blijvende vruchten van het werk te Wedan, namelijk de gemeenten in het Boven-Suriname gebied. Enkele van de leiders van ECS in het Boven-Suriname gebied waren mannen die vanaf hun jeugd in Wedan opgegroeid en getraind waren tot werkers van het evangelie. Het ging om de broeders Kames, Richene, Ronnie en Dawsen Petrusi.

"Ik heb vier jaar op Wedan gewoond, toen moesten wij verhuizen. De plaats werd overstroomd. De Afobakkadam moest water 'verspillen' en Wedan werd getroffen door het stijgende water van de rivier."[2] De meeste studenten gingen toen naar Slootwijk. Vassell ging naar Paramaribo en hielp broeder Dissel in zijn gemeente, maar ook zuster Van Kanten kreeg hulp. Bij zuster Van Kanten werd veel gewerkt met evangelisatiefilms in het Marowijneproject. "Ik werkte toen ook voor het Diaconessen Ziekenhuis. Later werkte ik als de pionier bij de Ruben Boys Ranch. Ik werkte daar van 1976-1980. Ik bracht de jongens vaardigheden bij en onderwees de leerlingen uit de Bijbel."[3] Vassell vertrok in december 1980 uit Suriname.

Futunakaba

De eerste zendingsreis

James Cooper en Bobby Sephestine kwamen in 1968 in contact met Emanuel Gotalie Eduart.[4] Eduart nam het evangelie, dat de broeders aan hem hadden verkondigd, niet gelijk aan. Hij gaf de broeders aan dat hij behoorde tot de EBG, hoewel hij niet bekeerd was. Na enige tijd bekeerde hij zich tot God en geloofde hij in Christus. Na zijn bekering wou hij hetgeen met hem was gebeurd niet houden voor zichzelf. Hij vertelde de broeders over het dorp Futunakaba.[5]

De broeders hoorden ook de woorden van een van de bewoners van het dorp, Paulus Anaké. Hij had gezegd dat er een blanke zou komen om de dorpelingen het evangelie te verkondigen. Anaké sprak deze woorden ruim tachtig jaar voor deze ontmoeting. Eduart moedigde de broeders aan om naar Futunakaba te gaan.

In februari 1969 ondernamen Cooper en Sephestine, in gezelschap van basia Herman Seedo en Ewald Tamidjo van Botopasi een reis naar het Boven-Suriname gebied. Zij besloten om langs al de dorpen aan de Surinamerivier gaan. Op Mamadam ontmoetten zij opa Petrusie, die hen aanmoedigde om op de terugweg tijd door te brengen op Futunakaba. Zij gingen langs al de dorpen en bleven bij hun terugreis langer op Futunakaba. De mensen van Futuna waren de enige die tijdens de heenreis de boodschap hadden aangenomen.

"In die periode was Samuel Eduards kapitein van Futunakaba. Hij werd bijgestaan door Jozef en Jacobus." Een van de oudste dorpsbewoners van Futunakaba, Valius Petrusi 'Vooma'[6] was op dat moment in Mamadam, samen met Richene Petrusi, Ronnie Petrusi en Humphrey Eduards. Op de terugreis verkondigden de broeders daar het evangelie aan hen. Pa Vooma opende zijn hart en nam het besluit om de Heer te dienen.

De broeders van ECS ontwikkelden een bijzondere band met de nieuwe bekeerlingen. Toen Vooma vanuit Mamadam naar Paramaribo zou gaan, werd hij door de broeders op Afobaka afgehaald. Hij moest vanuit Mamadam met een passagiersschip van de overheid reizen naar Afobaka. Vanuit Afobaka werd de reis naar Paramaribo voortgezet met de bus. Toen de broeders Vooma hadden opgehaald vanuit Afobaka, brachten zij hem eerst naar Wedan. Hij en de mensen die bij hem waren, bleven daar korte tijd en gingen door naar Paramaribo. Op Wedan werd het verhaal van Futuna en het optreden van Paulus Anaké aan de zendelingen verteld.

De tweede zendingsreis en daarna

In juli 1969 ondernamen de zendelingen een tweede reis. Op Futuna vroegen zij het dorp om een jongeman beschikbaar te stellen die zij zouden onderwijzen in het woord van de Heer. Het dorp stelde Kames Petrusi beschikbaar. Evenals Paulus dat met Timotheüs deed, namen de broeders Kames mee (vergelijk Hand 16:1-4). Kames werd een geweldige hulp voor de broeders en het werk van ECS. Hij was een van de leden van het eerste leidersteam van ECS in 1978.

Op Futuna hoorden de zendelingen ook over een paar jongemannen van het dorp die op Jarikaba, Uitkijk, woonden. Het ging om Henoch Eduards, Adolf Petrusi en Dawson Petrusi. Cooper en Sephestine zochten deze jongemannen op na hun terugkeer. Zij brachten hen het evangelie. De jongemannen kwamen tot geloof in de Heer. Op Paranam woonden ook mensen uit Futuna, te weten Otmar Petrusi, Ronnie Petrusie en Frederik Petrusie. Deze mensen kwamen ook tot geloof. Binnen een jaar kwamen veel mensen uit Futuna, de meeste jonge mensen, tot geloof in de Heer Jezus.

In augustus 1969 hield ECS in een grote tent een kamp te Wedan. Tijdens dit kamp werden verschillende mensen uit Futuna gedoopt. Het ging om: Gotali, Henoch, Dawson, Adolf, Otmar, Frans, Frederik en Kames. Deze mensen vormden een kerngroep, de eerstelingen van het werk. Zij gingen in september als groep ook naar een conferentie die op 13 september begon te Slootwijk. Daar ontvingen vele van hen de doop in de Heilige Geest.

De zendelingen wilden deze jongemannen niet alleen het evangelie verkondigen. Zij wilden hen verder toerusten en zelf bezig zijn in het werk. Kames, die door het dorp beschikbaar was gesteld, ging als eerste van de groep naar de Bijbelschool. Daarna ging ook Dawson. De andere jongeren bleven op Wedan.

Tijdens een conferentie die in september 1970 werd gehouden in Wedan werden er weer vier mensen uit Futuna gedoopt, de broeders Richene, Humphrey en de zusters Fina en Julito, ook bekend als Daada. Zij werden tijdens die conferentie ook gedoopt met de Geest.

De reis van de broeders Sephestine en Cooper naar het binnenland zorgde voor veel problemen. De leiding van de EBGS was niet gelukkig met de wijze waarop zaken waren gegaan. Jan Kool gaf het als volgt weer: "Heel 'toevallig' luisterde ik eens naar een radio-uitzending van de E.B.G. Boslandzending en ik hoorde een predikant waarschuwen tegen blanke zendelingen die reizen maakten door het bos en onrust brachten tussen vreedzame bosbewoners."[7]

Gelukkig konden deze problemen bijgelegd worden in Paramaribo. "Aanwezig waren naast bisschop Doth, ook de dominee, die toezicht had op de Boslandzending (die ook de radio-uitzendingen verzorgd had), en nog enkele anderen, waaronder de zendeling Jan Schalkwijk. De broeders Cooper en Sephestine deden verslag van hun reis en boden hun excuses aan dat zij gepreekt hadden in kerkgebouwen van de EBG, en niet voldoende attent geweest waren op het verschil van gemeenteopvatting tussen ons en de EBG... Hoewel ik niet mee geweest was op die reis, was ik toch als bestuurslid van het Evangelie Centrum, naast Cooper, medeverantwoordelijk. Dus ook ik bood mijn excuses aan... Verder bleef de sfeer goed en gingen we in goede harmonie uit elkaar."[8]

Maar wat in Paramaribo was besproken had het binnenland niet bereikt. De komst van ECS naar Futuna zorgde ook voor spanningen in het gebied. De *Dombi lo,* maar ook de Evangelische Broeder Gemeente, waartoe de mensen van Futuna behoorden, was niet blij met de ontwikkelingen. Tijdens een vergadering van de lo werd, onder invloed van kapitein Samuel van Botopasi, besloten om de nieuwe kerk niet te accepteren. De mensen van de 'nieuwe kerk' waren volgens hen valse profeten. Botopasi en Futuna waren EBG-dorpen, dus de mensen moesten geen nieuwe kerk daar brengen. Deze beslissing zorgde voor een splitsing onder de families binnen de lo. Aan de ene kant stond de familie Eduards en aan de andere kant de familie Petrusie. De familieleden van Gotalie Eduart behoorden tot de groep van mensen die "nee" zeiden tegen de kerk. Echter gaven twee zusterskinderen van Eduart, Hemphrey en Henoch Eduards, geen gehoor aan de beslissing van de familie. Zij wilden deel blijven van de nieuwe kerk. Vooma bleef trouw aan de boodschap die hij had gehoord en zette zich in voor de gemeente. Hierom werd de kerk 'de kerk van Vooma genoemd. De familieleden hadden om verschillende redenen problemen met de nieuwe kerk. Een van de problemen was het uitdrijven van geesten. Aangezien de mensen deze geesten dienden, vonden zij het ongehoord dat de zendelingen hun goden op een dergelijke manier behandelden. Echter ging het bij de zendelingen om de verkondiging van het 'volle evangelie', dat de mens volledige bevrijding gaf naar lichaam, ziel en geest. Zij deden dat in navolging van de eerste volgelingen van de Heer Jezus Christus.

"Want bij velen die onreine geesten hadden, gingen die er onder luid schreeuwen uit."
(Hand. 8:7a)

De families op Botopasi, die ook van de Dombi lo waren, waren niet te spreken over de nieuwe kerk. Zij namen daarom een belangrijke beslissing. Aangezien Futuna de nieuwe kerk had aangenomen, mochten hun kinderen de EBG-school op Botopasi niet meer bezoeken. De nieuwe kerk moest maar een manier zoeken om het onderwijs aan de kinderen op Futuna te continueren. Vervolgens verbood een bestuuropzichter van de regio, ondersteund door andere mensen, Cooper om nog naar Futuna te gaan.

De acties tegen de nieuwe kerk beperkten zich niet tot de families op Botopasi. De families van de Dombi lo, die in het dorp Pikin Slee woonden, waren ook niet te spreken over wat er plaatsvond. Ongeveer de helft van hen kwam naar Futuna om het werk van ECS te verhinderen. Op die bewuste dag zouden namelijk Vooma, Jozef, Alexander en Ronny zich laten dopen. "We waren in de samenkomst toen we ineens mensen aan de deur van het kerkgebouw hoorden. Ze riepen pa Vooma om naar buiten te komen. Hij ging echter niet naar hen toe. Wij bleven bidden, zingen en luid aanbidden." De mensen gingen toen weg, maar kwam weer terug. Dit keer vroegen zij naar al de zonen van Fina. Ze wilden deze mannen meenemen naar hun familie in Pikin Slee. Het ging om Dawson en zijn broers. Zij werden door familie meegenomen. Godzijdank hield de familie hen niet lang vast. Nadat de hoofdkapitein Satolloe een *krutu* met hen had belegd, werden ze teruggezonden naar Futuna. Na hun terugkomst werden zij met rust gelaten.

De vrede was maar van korte duur. Toen de gemeente in 1971 bezig was met de bouw van een zendingshuis in het dorp, hoorde zij dat de politie in het dorp Debike was aangekomen. De komst van de politie naar het gebied gebeurde alleen maar wanneer er ongeregeldheden waren. De politie kwam om 8:00 's morgens aan op Futuna en verbood de gelovigen verder te gaan met de bouw van hun zendingshuis.

De volgelingen van ECS stuitten op verzet van alle kanten. Zij werden niet alleen door kapiteins weggejaagd, zelfs de *granman* weigerde om hen te accepteren. Zosse Rene, een man uit het dorp Kambalua, had zich bekeerd en al zijn obiaspullen in de rivier gegooid. Dat was op 14 augustus 1976. Dit was voor de familie een grote belediging, aangezien die obia of winti niet alleen van Zosse was, maar van de hele familie. De mensen van Kambalua waren zo boos op de kerk dat ze 's nachts naar Futuna waren gelopen om te vechten. Ze vernietigden huizen en het magazijn van de gemeente. Zij namen softdrinks, zinkplaten en een lichtmotor mee. Vooma werd gegijzeld en meegenomen. Hij werd halfdood geslagen. Ook Otmar werd flink toegetakeld. Alle gelovigen vluchtten toen het bos in.

Het is u vergaan, broeders en zusters, als Gods gemeenten in Judea die Christus Jezus toebehoren. U hebt even zwaar onder uw stadsgenoten geleden als zij onder de Joden. (1 Thes. 2:14)

De relatie tussen de gelovigen van ECS en die van de EBGS, hoewel zij bloedfamilie waren van elkaar, werd gaandeweg slechter. Op 7 maart 1984 ontstond er een grote ruzie tussen hen. Het ging om een kerkbel die aan de EBG-kerk op Futuna hing en daar werd gebruikt. Die bel was het eigendom van de familie Eduards. Een persoon trok de stoute schoenen aan en vertrok om de bel te verwijderen. Dit leidde weer tot hevige ruzie tussen de families, waardoor de politie weer naar het dorp kwam.

Na een poos kwamen de families weer tegenover elkaar te staan. Families kwamen uit Botopasi en Slee om het dorp te verwoesten. Alle gezinnen Eduards vluchtten toen het bos in. De situatie was van dien aard dat Pudsey Meye van Gods Bazuin een vliegtuig charterde om naar Futuna te gaan om te bemiddelen in de situatie. Het gelukt hem om rust te brengen tussen de mensen in het dorp.

Ondanks dit verzet kreeg het volle evangelie vaste voet in het Saramaccaans gebied.[9] De werkwijze van evangelieverkondiging van ECS verschilde van de kerken die vóór hen in het gebied waren. De wijze waarop de gelovigen van ECS omgingen met de godsdienst van de mensen, was een doorn in het oog voor deze mensen. Omdat de winti's werden uitgedreven en hun attributen waren weggegooid, kregen pinkstergelovigen de bijnaam van "*A jaka sondu keeiki?*", de kerk die zonden (winti's) wegjaagt.

De gemeente van Futuna werd vanaf het begin geleid door mensen uit het dorp. De eerste voorganger, die vanaf mei 1972 diende, was Kames Valius Jozef Petrusi. Kames overleed in 1983 op jonge leeftijd. Dawson Petrusi werd in 1977 de voorganger van de gemeente. Hij mocht ruim acht jaar de gemeente dienen. Hij werd bijgestaan door de oudsten Richene en Oti Petrusi. Dawson verliet Futuna en kwam naar Paramaribo om mee te werken aan de vertaling van het Nieuwe Testament in het Saramaccaans. Hij werd opgevolgd door Humphrey Eduards, die van 1991 tot 2001 voorganger was van de gemeente. Vermeldenswaard is dat Modensi en Rita Saaki vanaf 1984 ook op Futuna waren. Zij hielpen met het werk daar. Richene Petrusi mocht vanaf 2001 voorgaan in de gemeente.

Van Nieuw-Aurora tot Nazareth en Amakakondre

Wat op Futuna was gebeurd, gebeurde niet alleen in dat dorp. De gelovigen die verbonden waren met de gemeente op Futuna gingen ook naar andere dorpen aan de Surinamerivier. Zij deelden hun ervaringen mee aan familie en vrienden in de verschillende dorpen. Dat gebeurde ook in het boek Handelingen, toen de gelovigen vanwege verdrukking hun woonplaatsen moesten verlaten.

Degenen die verdreven waren, trokken rond en verkondigden het woord van God.
(Hand. 8:4)

Een van de mensen die zijn verhaal deelde met anderen was Leo Petrusie. Zijn vrouw woonde in Nieuw-Aurora. Een van de mensen die de boodschap van het volle evangelie aanhoorde en aannam was Stanley Abini. Stanley was een trouw lid van de EBG in Nieuw-Aurora. Hij hoorde de boodschap van de doop door onderdompeling van zijn buurman, Leo Petrusie. Leo nodigde hem uit om eens een doopdienst op Futuna mee te maken. Stanley nam het aanbod aan en ging mee naar Futuna. Bij de volgende doopdienst liet hij zich ook dopen door onderdompeling. Deze handeling zorgde voor problemen binnen zijn gemeente. De EBG volgde niet de praktijk van doop door onderdompeling. Gemeenteleden en leiders van het dorp Nieuw-Aurora zagen de handeling van Abinie als verraad. Hij keerde de 'kerk van zijn voorouders' de rug toe. Vermeldenswaard was dat Johannes Arabi, een van zijn voorvaders, de eerste persoon was die in het Saramaccaans gebied tot geloof kwam en zich liet dopen. Hij was een belangrijke steunpillaar van de vroege EBG-kerk onder de Saramaccaners. Het dorp was zeer trots op deze kerkelijke geschiedenis. Dit kan hun houding tegenover Abinie verklaren. In de praktijk leefden veel mensen allang niet meer volgens de geloofsprincipes van Arabi. Zij waren in naam christen, maar in de praktijk leefden zij volgens de traditionele godsdienst.

In een eigenhandig door Abinie geschreven manuscript (in mijn bezit) vertelde hij over zijn strijd met zijn familie en de dorpelingen.[10] Vanaf 1970 werd hij verschillende keren weggejaagd uit het dorp. Nieuw-Aurora was een EBG-dorp en aangezien hij zich in een andere kerk liet overdopen moest hij weg. Helaas lieten de dorpelingen het niet bij mondelinge bedreigingen. Op 6 september 1973 werd hij voor het eerst toegetakeld. Daarna bleven de mensen hem wegjagen. "Tot en met 23 september werd ik acht keer weggejaagd uit het dorp." Het wegjagen van iemand in de Saramaccaanse cultuur maakt die persoon tot een *persona non grata*, iemand die niet gewild is, iemand die niet welkom is. De dorpelingen vonden de houding van Abinie provocerend. Hij bleef namelijk de diensten van de EBG in het dorp bijwonen. Dat gebeurde tot oktober 1975.

Op 5 oktober 1975 werd Abinie, samen met enkele anderen, door de dienaren van de kerk aangezegd om de diensten niet meer te bezoeken ten einde erger te voorkomen. Abinie en de andere gelovigen werden toen met de dood bedreigd. Abinie besloot om de diensten niet meer bij te wonen, maar aan huis in het dorp samen te komen. Ruim een jaar later werden op 4 oktober 1976 Abinie, gezin en enkele gelovigen weer flink toegetakeld. De gelovigen hielden stand ondanks de tegenwerking en problemen die zij van familie in het dorp ondervonden. Zij bleven hun eigen diensten houden.

Op 4 februari 1979 kwam er een delegatie uit het dorp bij Abinie. "Zij kwamen mij mededelen dat indien ik kerkdiensten hier thuis bij mij zou houden zij iets vreselijks met mij zouden doen. Het zou erger zijn dan wat er op Futuna was gebeurd. Zij attendeerden mij erop dat het hele dorp Nieuw-Aurora zei dat indien wij niet zouden vertrekken, zij ons zouden doden."

Abini merkte dat de mensen heel serieus waren. Hij vertrok daarom op 8 februari 1979 naar Paramaribo.

In Paramaribo werd Abinie door een dorpsgenoot met een stok toegetakeld en gestenigd. Via broeder Cooper kwam hij terecht bij de gemeente van ECS op Lelydorp, de latere gemeente Eagle Wings. Abinie woonde een aantal jaar in Paramaribo, maar keerde op 7 augustus 1983 terug naar het Boven-Suriname gebied. Hij keerde niet terug naar Nieuw-Aurora. Hij kreeg toestemming om een eigen dorp te stichten, waar hij samen met andere leden van het volle evangelie mocht wonen. Met medewerking van leden van de gemeente Lelydorp en Futuna konden zij binnen een paar dagen het dorp openkappen. Het dorp kreeg de naam Nazareth, *Djemongo*. Helaas werd het niet een centrum, zoals men aanvankelijk dacht. Het dorp werd de woonplaats van Stanley Abinie en zijn gezin. Daar hield hij diensten tot zijn heengaan in 2012.

Abini deed ook zendingswerk in het dorp Amakakondre, waar ook een gemeente ontstond.

Tjalikondre

De ontwikkelingen met Abinie in Nieuw-Aurora liepen parallel met een bijzondere gebeurtenis in het aangrenzend dorp Tjalikondre. Tjalikondre werd gezien als een 'heidens dorp', omdat er geen christelijke kerk was gevestigd. In 1973 gaven enkele jongemannen uit het dorp zich op voor catechisatie bij de EBG in Nieuw-Aurora.[11] Het ging om Frans Baando Doekoe, Asoinda Haabo, Alinzo Saaki, Max Saaki, Bai Saaki en Modensi Saaki. Zij behoorden tot een groep jongeren uit Tjalikondre die een ander leven wilden leiden. Zij wilden niet langer vanuit het traditionele Saramaccaans geloof leven. Zij wilden de Here Jezus echt dienen. Deze jongemannen kwamen door het werk van God tot dit inzicht. "Er waren geen mensen bij ons geweest om voor ons te getuigen of om ons te helpen. Door God geleid kwamen wij bij elkaar om te praten. Wij kwamen tot de conclusie dat wij naar de kerk moesten gaan. Maar wij wilden niet naar de kerk gaan zoals sommige mensen dat deden. Wij wilden de Here God echt en volledig dienen."[12] De jaren zestig en zeventig van de vorige eeuw werden gekenmerkt door een bijzonder werk van Gods Geest onder jonge mensen van verschillende christelijke kerken.

> *"De wind blaast, waarheen hij wil, en gij hoort zijn geluid, maar gij weet niet, vanwaar hij komt of waar hij heengaat; zó is een ieder, die uit de Geest geboren is."* (Joh. 3:8)

Deze jonge mensen uit Tjalikondre legden hun belijdenis af en werden op 31 maart 1975 gedoopt in de EBG-kerk. Deze jongemannen namen het woord dat zij gehoord hadden heel serieus en gingen rond om het evangelie te verkondigen. Zij baden daarbij ook voor zieken. Aangezien dit niet gebruikelijk was bij de EBG-kerk in Nieuw-Aurora werden de jongemannen aangesproken op hun handelingen. "De EBG'ers vonden dat ons gedrag niet overeenkwam met dat van de EBG'ers. Wij behoorden daarom volgens hen tot de stroming van de Jehova's Getuigen. Zo noemden zij die 'nieuwe' kerk. Zij vonden dat wij deden alsof wij EBG'ers waren, maar ons gedrag verloochende dat." De jongemannen ondervonden daardoor veel strijd. De kerk in Nieuw-Aurora had al problemen met Abinie gehad, die zich had laten overdopen. En nu weer deze jonge mensen! Toen Abinie gehoord had van het voorval, bezocht hij, samen met Leo Petrusie, de jongemannen om hen te bemoedigen in hun wandel met de Heer. "Zij zeiden ons dat het gebruikelijk was dat christenen, vanwege hun geloof, vervolgd werden."

Rond die periode kwam een van de jongemannen, Bai Saaki, die lid was van de EBG, te overlijden. Hij verdween vlak bij de landingsplaats van de polikliniek van Laduani in de diepte van de Surinamerivier. Zijn stoffelijk overschot werd nooit teruggevonden. Het dorp en leiders van de gemeente besloten om op de traditionele wijze met 'heidense' rituelen om te gaan. De jongemannen waren het daar niet mee eens en protesteerden heftig daartegen. Vanaf dat moment waren zij niet meer welkom in de gemeente. Zij onderhielden contact met Abinie en bezochten vanaf toen de diensten bij hem thuis. Op Tjalikondre hielden zij samen bidstonden.

De groep kreeg een steuntje in de rug nadat zij de Bijbelstudies, conferenties en evangelisatiecampagnes op Futunakaba hadden bezocht. Zij werden op Futunakaba gedoopt door onderdompeling. Mede door deze activiteiten groeide bij enkele van hen het verlangen om de Bijbel beter te leren kennen en om in staat te zijn het woord van God te prediken aan de mensen.

In 1977 gingen Asoinda en Modensi naar de Bijbelschool van ECS. Zij bleven er tot 1980. In 1978 kwamen zij tijdens hun vakantie naar Tjalikondre. Er werd toen een start gemaakt met het houden van diensten op Tjalikonde.

Na zijn drie jaar op de Bijbelschool werden Asoinda en Modensi eerst uitgezonden naar een andere gemeente. Asoinda ging voor een jaar naar Nickerie, waar hij Johnny Slagtand ondersteunde in het werk. Modensi werd voor korte tijd geplaatst in een gemeente en werd daarna uitgezonden naar Zanderij, een plaats in het district Para. Daar deed hij samen met Robby Dragman pionierswerk. Eind 1982 ging hij terug naar de gemeente in Tjalikondre. Ook Asoinda keerde na Nickerie terug naar Tjalikondre. Nu Modensi en Asoinda allebei terug waren in het dorp, kon Max Saaki, die achter was gebleven, ook de Bijbelschool bezoeken. Max en zijn vrouw Ursila Saaki-Jabini gingen in oktober 1981 naar de Bijbelschool en rondden de opleiding af in 1984.

In 1984 trad Modensi in het huwelijk met Rita Zaalman. Het echtpaar werd toen geplaatst op Futunakaba.[13] Modensi en Rita Saaki bleven tot 1992 op Futunaka, daarna verhuisden zij naar Paramaribo. Max Saaki ging na zijn Bijbelschool terug naar Tjalikondre en leidde de gemeente tijdens de binnenlandse oorlog en ook daarna.

Vanuit Tjalikondre zou Asoinda zich inzetten voor het zendingswerk. Helaas werd er vanwege de binnenlandse oorlog, die in 1986 was begonnen, niet veel gedaan. Asoinda raakte ontmoedigd en kwam naar Paramaribo. In juni 1988 vertrok hij naar Engeland. "Die tijd was voor mij een periode van rust en bezinning."[14]

Goejaba

De groep van Nieuw-Aurora en Tjalikondre was actief in het verkondigen van het evangelie. Eerder ging de voorganger van de EBG-gemeente in Nieuw-Aurora naar Goejaba. Hij verkondigde daar regelmatig het evangelie. Helaas kwam er een einde aan dit pionierswerk.

Nadat zij uit de EBG waren getreden, brachten Modensi Saaki en Asoinda het evangelie aan de dorpeling van Goejaba. Hun eerste bekeerling was een zekere broeder Samuel, beter bekend als Sami. Hij kwam in september 1976 tot geloof. Hij was jarenlang de enige gelovige in het dorp. Abinie en zijn vrouw namen toen het werk op Goejaba over van Modensi Saaki en Asoinda Haabo. Onder leiding van Abinie kwamen een paar andere mensen tot geloof, waaronder Rudi Tiopo. Twee jaar na zijn bekering kwam Tiopo naar Paramaribo in 1988. Hij was samen met Asoinda en George Eduards een van de oprichters van de stichting *A Gadu di heepi fuu ta kumutu* in 1989. In 1991 ging Tiopo terug naar Goejaba, waar hij voorganger werd van de kleine gemeente. Hij diende de gemeente ruim 16 jaar, totdat hij in 2007 naar Paramaribo kwam. Na enkele jaren in Paramaribo ging hij in 2012 terug naar Goejaba. De gemeente van Goejaba telt momenteel 30 personen.

Pokigron

In latere jaren ontstond er ook een ECS-gemeente op Pokigron. Gelovigen van *The Open Door,* die afkomstig waren van Pokigron, begonnen in 1995 met evangelisatiewerk in het dorp. In datzelfde jaar werd er een start gemaakt met een huisgroep. In 1996 stichtten zij een gemeente. De gemeente van Pokigron valt onder de gemeente Gods Huis.

[1] Vassell, persoonlijke communicatie 2019.

[2] Vassell, persoonlijke communicatie 2019.

[3] Vassell, persoonlijke communicatie 2019.

[4] Dit onderdeel is gebaseerd op een interview met kapitein Richene Petrusi van Futunakaba (mei 2000).

[5] Ook Futuna, Foetoe na kaba, etc.

[6] Vooma was de jongste zoon van Paulus Anaké.

[7] Kool, n.d.

[8] Kool, n.d.

[9] Verschillende mensen werden lichamelijk mishandeld. Een persoon trok zelfs zijn geweer om een einde te maken aan het leven van de nieuwe kerk. In mei 2000 werden tijdens een bijeenkomst van kerkleiders zaken over en weer beleden. De aanpak van het ECS was onwijs en de houding van de EBG was onjuist.

[10] Zie een vertaling van het verslag in Lansdorf-Watkins 2012:73-77. Ik geef hier enkele letterlijke citaten weer uit het manuscript: "Den bigin foe verfolgoe mi en den jagi mi na Toetoeboeka na den 1970 dan den bigin foe fom wi. Dati de mi Stanley nanga Lejan foe Foetoena. Da fosi feti pasa na den 6 september 1973. En na den 23 september 1973 dan a doro 8 leisi di den de jagi mi na Toetoe. En na den 10 maart 1974 den jagi mi baka. Den taki te mi dede pe den sa beri mi. En soema sa beri mi. Disi meki 9 leisi di den jagi mi na Toetoe. En na den 4 nofember 1974 den jagi mi baka disi meki 10 leisi di den jagi mi. En na den 2 januari 1975 den holi kroetoe den haksi den srefi fa den sa doe foe poeloe mi dia an na Toetoe. En na den 5 oktober 1975 dan den dinari kari mi Stanley, Modensi, Alinzo den taki wi no moe kom moron a den kerki. Ma efi wi kom moro dan den sa doe wan sani nanga wi. Dan afasi fa den taki a sori leki den sa kili wan soema Enok hen taki dati. En so wi no go moron a den kerki te nanga now."

[11] Dit deel is gebaseerd op uitgetypte interviews van R. Leter met Asoinda Haabo en Modensi Saaki. Zie ook het manuscript van S. Abini.

[12] Modensi Saaki, persoonlijke communicatie.

[13] Rita, die van huis uit onderwijzeres was, leverde daar een belangrijke bijdrage in het onderwijs. De lessen werden daar verzorgd in de kerk, omdat er nog geen lokaal beschikbaar was.

[14] Is gehuwd met zuster Judith Pansa. Het echtpaar heeft drie kinderen.

GEMEENTESTICHTING IN HET WESTEN VAN HET LAND

Het werk in het westen van het land begon op een heel andere manier dan in het Boven-Suriname gebied. Er kwam namelijk een verzoek vanuit Nickerie. Een bestaande gemeente in Wageningen had hulp nodig. Het verzoek tot hulp dat gericht was aan ECS werd aangenomen. ECS mocht in Nickerie beginnen. Later werd er ook in Saramacca een gemeente gesticht.

Wageningen

Een van de oudste gemeenten van ECS is de gemeente in Wageningen, het rijstdorp van de Stichting Machinale Landbouw Suriname in Nickerie. Deze gemeente staat nu bekend onder de naam 'Gemeente Het Nieuw Verbond'. Deze gemeente begon nog voor het ontstaan van ECS.

In 1964 raakte Robert Mangroe, een broer van Joan Mangroe, verlamd als gevolg van een ongeluk tijdens het zwemmen. Zijn moeder, Trees Mangroe - Van Ommeren, ging naar Paramaribo op zoek naar hulp voor hem. In Paramaribo kwam zij in contact met het volle evangelie. Die contacten leidden ertoe dat zij tot geloof kwam in Christus. "Na de kritieke periode van mijn broer ging ze terug naar Wageningen. Zij getuigde daar van haar Heiland."[1] Verschillende mensen kwamen door haar getuigenis tot geloof. De nieuwe gelovigen kwamen toen samen thuis bij haar. Het aantal groeide en binnen korte tijd werd haar woonkamer, waar zij samenkwamen, te klein. Er was een grotere ruimte nodig. Vanwege de groei van de groep was het ook duidelijk dat er dringend hulp nodig was om de gelovigen te leiden.

Er werd een beroep gedaan op de bestaande volle evangelie kerken. Echter nam geen van hen de uitnodiging aan om in Wageningen bezig te zijn. Toen Trees Mangroe in contact kwam met James Cooper bleek dat Cooper wel bereid was om naar Wageningen te gaan. In september 1970 werd voor enkele weken in Wageningen een campagne gehouden. Vanuit de Bijbelschool reisde een team naar Wageningen. De reis naar Wageningen in die dagen was een lijdensweg. "De wegen waren vrijwel onbegaanbaar en je moest meerdere malen overstappen... Het was een hele dag lang reizen." Het team van ECS was niet alleen bereid vervolging te ondergaan voor de Heer. Zij waren bereid om andere offers te brengen ter wille van het werk van de Heer.

"Want ik ben er zeker van, dat het lijden van de tegenwoordige tijd niet opweegt tegen de heerlijkheid, die over ons geopenbaard zal worden" (Rom. 8:18)

"Ik heb de ontwikkeling vanaf de eerste campagne in Wageningen meegemaakt. Ik zie de Bijbelschoolstudenten allemaal nog voor mij. Zij waren nog piepjong toen ze daar kwamen voor de campagne. Geen van hen was getrouwd, alleen broeder Praam. Ik was 7-8 jaar. Mijn moeder leeft nog, ze is 80 jaar. Daar zijn we, via br. Bennies schoonmoeder, tot bekering gekomen."[2]

Na die campagne van september 1970 vertrok Benny Macnack naar Wageningen om te helpen en uiteindelijk het werk verder te leiden. De gemeente had een perceel toegewezen gekregen. Met de hulp van zijn broer Henry en enkele andere broeders werd begonnen met het opzetten van een kerkgebouw annex woonhuis. Joan Mangroe, een dochter van Trees, was intussen studente op het trainingscentrum in Slootwijk. In 1972 rondde zij haar training af en na een stageperiode bij de familie Dissels, die intussen begonnen waren in Munder, trouwden Benny en Joan in 1973. Het echtpaar nam zijn intrek in het inmiddels afgebouwde woonhuis in Wageningen.

Het werk werd gedaan, samen met jonge werkers die de trainingsschool doorlopen hadden en met wie de Macnacks hun kleine woning deelden. Zij mochten ook de vreugde kennen dat de Heer in de plaatselijke gemeentewerkers oprichtte die later zelf de gemeente leidden. Een van broeders bijvoorbeeld, die bij hen had ingewoond, vestigde zich op Coronie. Benny mocht hem daar ook helpen met het werk.

"In Nieuw-Nickerie waren er enkele zusters bezig met gemeentewerk en ze zagen naar Benny op voor 'covering.'" Benny hield veel evangelisatiecampagnes in de rijstpolders die om het dorp Wageningen lagen. De Heer bevestigde de prediking van zijn Woord met veel opmerkelijke bekeringen, genezingen en bevrijdingen.

Op 3 maart 1981 vertrokken Benny en Joan uit Wageningen naar Paramaribo. Zij zouden leiding gaan geven aan de Bijbelschool. Bij hun vertrek lieten zij een goed draaiende gemeente achter. Zij droegen het werk over aan het echtpaar Ngadiran Saridin, dat in Wageningen zelf tot geloof was gekomen. In 1984 vertrokken de Saridins naar Nieuw-Nickerie om leiding te geven aan het werk daar. Na het vertrek van de Saridins werd de gemeente achtereenvolgens geleid door het echtpaar Johan en Magda Dore, Samuel en Marijke Petrusie en Samuel en Linda Moeslan. Na hun tijd daar was er niet direct iemand die de leiding had over de gemeente. De plaatselijke werkers hielden naar hun beste kunnen het werk draaiende, totdat Jerry en Maureen Perica overnamen in 1994. Deze gemeente leverde verschillende werkers af voor Gods koninkrijk.

Nieuw-Nickerie

De beginjaren tot 1993

In 1977 werd er een aanvang gemaakt met de "volle evangelie gemeente Nickerie."[3] De pioniers van dit werk waren Barbara Monroe, een zendelinge uit de VSA en twee afgestudeerden van de Bijbelschool, Patricia Watson en Carmen Le Couvreur. De gemeente hield in de beginjaren gecombineerde samenkomsten met de gemeente "Stromen van Kracht."

In december 1979 kregen de zusters versterking van Johnny Slagtand. Hij ging naar Nickerie en werd belast met de leiding van de gemeente. Er werd een einde gemaakt aan de gecombineerde samenkomsten met Stromen van Kracht. De samenkomsten werden eerst gehouden aan de Van Pettenpolder, daarna verhuisden ze naar de Hendrikstraat, ten huize van de familie Slagtand. In die beginjaren telde de gemeente ongeveer 10 personen, inclusief de voorganger en zijn gezin (5) en de drie voornoemde pioniers. De gemeente groeide binnen een paar weken naar ongeveer 15 leden. De pionierszusters verhuisden uit Nickerie. Slagtand kreeg toen ondersteuning van Amattassimin "Richardo" en Soernani Resowidjojo. Sewdatt en Marijennie Itrajh, voorgangers van *De Deur City Church,* zeiden recentelijk op Facebook het volgende over dit echtpaar: We zijn 'dankbaar voor br. Ricardo en Soernani Resowidjojo hun gehoorzaamheid aan Gods roeping in Nickerie! Zij brachten ons tot Christus zo een 34 jaren terug.'[4]

Na ruim vijf jaar gewerkt te hebben in Nickerie, verhuisde de familie Slagtand in oktober 1984 naar Paramaribo. Ngadiran Saridin en zijn gezin kwamen vanuit Wageningen om leiding te geven aan het werk. In 1985 verhuisde de gemeente naar de Waterloostraat en nam plaats in het gebouw van een sportvereniging, dat bekend stond als het Remo Clubgebouw. In die tijd telde de gemeente ongeveer 30 leden.

Er deed zich een bijzondere ontwikkeling voor in die periode. Een gemeente onder leiding van Leny Mohamed en Ramlal Ramsaran sloot zich aan bij de groep. De leden van deze gemeente bestonden voornamelijk uit christenen van Guyanese afkomst. Sommigen, waarvan de papieren niet in orde waren, werden het land uitgezet. De leiders, Mohamed en Ramsaran, werden in de samengevoegde gemeente ingezegend tot respectievelijk oudsten en diaken.

Resowidjojo en zijn gezin vertrokken naar Paradise. Zij begonnen daar en op Groot Henarpolder twee nieuwe gemeenten van elk 10 personen. Toen

Resowidjojo enkele jaren later naar Paramaribo vertrok, werden de twee gemeenten geplaatst onder de leiding van Sarijoen Madiksan.

Een leidersteam 1993-1995

In Nieuw-Nickerie trok diaken Ramsaran zich in 1993 terug uit de gemeente. Saridin stelde zijn functie ter beschikking aan de leiding van ECS. De gemeente telde in die tijd ongeveer 50 leden.

Van 1993 tot en met februari 1995 werd de leiding van de gemeente toevertrouwd aan een team van broeders, bestaande uit Soekjatno Moeljoredjo, Romeo Sabiran, Thevens Sedoc, Lloyd Testing en Patrick Walker. Onder leiding van dit team kreeg de gemeente op 1 juni 1993 rechtspersoonlijkheid.

Eerste bestuur	
Patrick W. Walker	De voorzitter
Lloyd P. Testing	Secretaris
Thevens U. Sedoc	1^e penningmeester
Johan Sastrowidjojo	2^e penningmeester
Soekjatno Moeljoredjo	Commissaris

Het nieuwe bestuur verplaatste de samenkomsten naar het gebouw van het Cultureel Centrum Nickerie (CCN) aan de Landingstraat no 3.[5]

Romeo Sabiran (1995-1998)

In februari 1995 werd Sabiran ingezegend tot voorganger van de gemeente. Testing en Walker werden respectievelijk oudste en diaken, terwijl Moejoredjo en Sedoc het leidersteam ondersteunden.

Onder leiding van Sabiran werden er verschillende activiteiten ontplooid voor het uitbreiden van het werk en de toerusting van de gemeente.

Enkele broeders die de Evangelisatie Explosie (EE) training hadden gevolgd, trainden andere leden van de gemeente in evangelisatiewerk. Dit leidde tot toenemende evangelisatie-activiteiten waardoor de gemeente in aantal groeide.

Testing werd jeugdleider en maakte een start met het jeugdwerk. Aangezien hij zich meer geroepen voelde voor het evangelisatiewerk, werd het jeugdwerk overgedragen aan Hortance Forster. Forster deed dit werk totdat zij naar

Paramaribo vertrok. Het werk werd toen overgedragen aan Magda Sedoc Fitz-James. Sedoc kreeg later ondersteuning van Celine Karmin.

Naast het jeugdwerk werd ook het kinderwerk ter hand genomen. Dit werk stond onder leiding van Astrid Misiekaba, die bijgestaan werd door R. Moeljorejo Habbal en Audrey Baag. Zij hadden een groep van ongeveer 40 kinderen. Een deel van de kinderen was van gemeenteleden en het andere deel bestond uit kinderen uit de buurt van waar de samenkomst werd gehouden. Alle samenkomsten werden gehouden in het gemeentegebouw aan de Landingstraat. Misiekaba gaf leiding aan dit werk totdat zij vanwege het werk van haar man moest verhuizen naar Paramaribo. Ook Baag vertrok enkele jaren daarna naar het buitenland. Moeljoredjo Habbal bleef alleen over in het werk. Zij kreeg ondersteuning van een jonge zuster, Saskia Kandhai. Geleidelijk aan liep het aantal kinderen dat naar de samenkomsten kwam af. Er werd toen besloten om dit werk te stoppen.

In november 2002 maakte Cynthia Enser – Stakel opnieuw een start met het kinderwerk. Het aantal kinderen begon gestadig te groeien. De meeste kinderen kwamen uit de buurt van de Van Pettenpolder. Er werd daarom besloten om de club te verhuizen naar de Alupistraat waar Enser woonde. De kinderclub groeide en de kinderen pasten niet meer in het huis van Enser. In overleg met het toenmalig bestuur van het Cultureel Centrum Nickerie werd besloten om gebruik te maken van de in verval geraakte lokalen van de CCN-bibliotheek aan de Walter Hewittstraat in de Van Pettenpolder. Het groeiende werk werd ondersteund door Rachel Enser en Astrid Misiekaba, die weer was verhuisd naar Nickerie. Het werk werd verder ondersteund door Rowel Kandhai, Celdra Woerdings en Carrie Best.

In 1997 werd een start gemaakt met de trainingen van de tweejarige Bijbelschool Berea. Ongeveer 40 personen van 5 gemeenten namen deel aan deze kadertraining. Elk gemeentelid of - leider kreeg de ruimte om zich te bekwamen in een taak of bediening. De voorganger spoorde de gemeenteleden aan om de activiteiten van de gemeente zoveel mogelijk bij te wonen en om getuigen te zijn van Gods zegeningen. In de bedieningstijd van Sabiran werden een aantal diakenen ingezegend waaronder Delobi H. Moeljoredjo, Johan Sastrowidjojo, Johannes Kartomengollo en Sandra Esseboom.

Sabiran zette een praiseteam op. Hij gaf hier zelf leiding aan. De gemeente schafte de nodige instrumenten en een geluidinstallatie aan. Later gaf Florance Castillion Bendt, die vanuit de gemeente Stromen van Kracht was overgekomen naar de gemeente, leiding aan het praiseteam. Toen zij naar Paramaribo verhuisde, had

Hortance Forster de leiding. Zij werd daarbij ondersteund door S. Moeljoredjo en Salinem Sastrowidjojo.

De gemeente maakte een start met huiscelgroepen. Deze groepen werden op verschillende strategische locaties opgezet.

De gemeente verstevigde banden met andere gemeenten in en buiten Nickerie. In 1998 moest Sabiran vanwege zijn werk verhuizen naar Paramaribo. Hij werd op 27 september 1998 uitgezegend. De gemeente was inmiddels uitgegroeid tot ongeveer 80 leden, waarvan het merendeel een gezin vormde.

Patrick W Walker (1998-2001)

Op 27 september 1998, de dag waarop Sabiran werd uitgezegend, werd Patrick W Walker ingezegend tot voorganger van de gemeente. Hij werd in het werk ondersteund door zijn vrouw Babita en dochter.

Op 22 december 1999 onderging de gemeente een naamsverandering en heette voortaan *"God's Glory of Faith"*. Walker diende de gemeente nog twee jaar en trad in 2001 vanwege gezinsproblemen af als voorganger. Hij kreeg de ruimte om te werken aan de oplossing van zijn probleem. Helaas liet de oplossing op zich wachten. De gemeente besloot om een nieuwe voorganger aan te stellen.

Lloyd Testing (2002-heden)

Op 8 september 2002 werd Lloyd Testing als voorganger van de gemeente ingezegend. Hij werd in dit werk ondersteund door zijn vrouw Helga Maureen en hun drie zonen Rafael Romario, Gabriel Jeruël en Jonathan Reuël.

In 2005 werden Johannes Kartomengollo, Roland Waidoe en Denny Snip ingezegend als oudsten. Maar al spoedig kwamen er weer veranderingen in het oudstenteam. Waidoe moest vanwege zijn werk in augustus 2008 verhuizen naar Paramaribo. Snip moest vanwege persoonlijke omstandigheden het werk verlaten. Kartomengollo moest vanwege verdere opleiding naar Paramaribo. De voorganger stond er weer alleen voor. "Maar onze Vader in de hemel is getrouw en heeft ons geholpen, en zijn niet bij de pakken gaan neerzitten."

Op 8 november 2002 vond er een wijziging plaats in het bestuur van de stichting.

Naam	Functie
Lloyd P. Testing	Voorzitter
Jonell R. Sedoc	Onder-Voorzitter
Johannes Kartomengollo	1e secretaris
Francis P. E. Filemon-Achong	2e secretaris
Magdaline G. J. Sedoc Fitz – James	1e penningmeester
Sandra Esseboom	2e penningmeester
Roland Waidoe	Commissaris

Op 26 februari 2002 kocht de stichting ten behoeve van de gemeente *"God's Glory of Faith"* een perceel, 412,50 m^2 groot, gelegen aan de Pritiairistraat no 12 op het Nationaalproject, aan de plantage Waterloo. Op 30 juli 2004 werden de duikers aan de voorkant van het perceel gelegd. Op 14 maart 2005 werd een start gemaakt met het storten van de fundering van het kerkgebouw.

Op zondag 19 oktober 2008 werd de eerste samenkomst gehouden in het nieuwe gebouw. Er was toen nog geen elektriciteit en het gebouw was nog niet ingewijd. Echter werd de eerste dienst, waar Carlo Lansdorf predikte, een bijzondere bemoediging voor de gemeente.

In 2012 werd een ander stuk terrein gekocht ten behoeve van de gemeente. Deze is gelegen naast het kerkgebouw op de hoek van de Pritiairestraat en Letterhoutstraat.[6]

Heel bijzonder in het werk van de gemeente was de aandacht voor structuur en de verschillende bedieningen in de gemeente. Het belang hiervan vinden wij in de brief van Paulus aan zijn geestelijke zoon Titus. Paulus had Titus in Kreta achtergelaten om zaken te regelen in de gemeente, zoals het aanstellen van leiders (Tit. 1:5). Titus moest ook aandacht besteden aan mensen in de verschillende leeftijdsgroepen, zoals oudere mannen en vrouwen en jonge vrouwen en mannen (Tit. 2:1-7). Door het trouwe werk van deze werkers vestigde de Heer een getuigenis in Nickerie dat tot zegen mocht zijn voor velen. Hem komt alle eer toe!

---

[1] Joan Macnack-Mangroe, persoonlijke communicatie, dec. 2017.

[2] Bob Mangal, persoonlijke communicatie.

[3] De informatie werd beschikbaar gesteld door Pastor Lloyd Testing.

[4] 11 december 2018. Het echtpaar Resowidjojo kreeg een onderscheiding voor hun jarenlange werk in Nickerie.

[5] Dit gebouw diende eerst als kazerne van de TRIS (Nederlandse Troepenmacht in Suriname) en later als een ULO-school, onder de naam Ramjaneeschool.

[6] De gemeente *God's Glory of Faith* trad op zondag 10 maart 2013 uit ECS.

Saramacca

Het werk in Saramacca kwam meer dan twintig jaar na de start van het werk in Wageningen op gang. In 1994 verhuisden het echtpaar Ulrich en Astrid Anson-Goedhoop naar Saramacca. Astrid was afkomstig uit dit district en Ulrich werkte daar. In Paramaribo bezochten zij de gemeente *The Open Door*. De voorganger van Open Door wou in Saramacca een gemeente stichten. De verhuizing van de familie was een goed moment daarvoor.

Er werd contact gelegd met voorgangers in Saramacca om hen op de hoogte te stellen van de plannen. Daarna werd er een start gemaakt met een bidgroep. Mensen die hoorden van deze groep sloten zich aan. Paul Kong A Sang, die eerder op Wedan had gewerkt, had nog contact met een paar mensen in Groningen. Omdat hij meer voelde voor een werk in Catharina Sophia stuurde hij deze mensen naar de familie Anson. Zo ontstond in 1995 een plaatselijke gemeente. De naam van de gemeente was toen *The Open Door Saramacca*. Omdat de leiders van ECS vonden dat de gemeente zelfstandig moest zijn, moest er worden omgekeken naar een andere naam. In 2004 werd de naam Rechobot gekozen. In datzelfde jaar kocht de gemeente een eigen perceel. Op 23 april legde de districtscommissaris Laksmienarain Doebay samen met het oudste lid van de gemeente de eerste steen voor een kerkgebouw. De gemeente ondernam verschillende evangelisatie-activiteiten in het district. De gemeente is ook betrokken bij de interkerkelijke activiteiten in Saramacca.

De gemeente telt momenteel ongeveer 50 leden. De standplaats van de gemeente is C.A.M. Oleanderweg in Misgunst in het district Saramacca.

GEMEENTESTICHTING IN HET OOSTEN VAN HET LAND

Evenals het zuiden en westen van het land, begon het werk van ECS al heel vroeg in de oostelijke districten. Niet alleen in Commewijne, waar de Bijbelschool begon, maar ook in Marowijne werd al spoedig een aanvang gemaakt met evangelisatiewerk. Later breidde het werk zich uit naar Frans-Guyana.

Canawapibo, Perica

Vanuit de Bijbelschool werden studenten ingezet voor het evangelisatiewerk aan de Oost-Westverbinding.[1] Verschillende mensen van inheemse afkomst kwamen tot bekering. Het eerste gezin dat tot geloof kwam was dat van Adolf Biswane. Daarna kwam het gezin van Gemin tot bekering. Zo ontstond er een gemeente aan de Oost-West te KM 45. Naast de twee families kwamen er ook andere mensen naar de samenkomsten. "Maar ik heb altijd getwijfeld of zij echt bekeerd waren. Het was wel zeker dat zij niet ernstig waren." Een ander gezin dat tot geloof kwam, was het gezin Sabajo. Zij waren kennissen van Adolf, die verhuisd waren naar de omgeving waar de gemeente samenkwam. De diensten werden ook bezocht door een mevrouw en een kind van Hindoestaanse afkomst.

In de beginfase van het werk woonde er geen voorganger ter plaatse. De studenten en leiders van de trainingsschool gingen vanuit Slootwijk naar KM 45. De prediking werd gedaan door Cooper, Kool, en soms ook een student. De studenten leidden de zang en de aanbidding. Toen de Bijbelschool beginjaren zeventig verhuisde naar Paramaribo, gingen er mensen vanuit Paramaribo, maar voornamelijk vanuit Oliver, naar KM45.

Melvin Roye maakte 2 jaar lang deel uit van het Commewijneteam in Nieuw-Amsterdam. Van daaruit werkte hij in Canawapibo aan de Oost-Westverbinding. Hij bouwde daar een woonhuis en verhuisde na 2 jaar met zijn vrouw Victoria en hun zonen daarnaartoe. Er werd een klein kerkgebouw opgezet en hij hielp de woonsituatie van de inheemse broeders verbeteren. Ze woonden en werkten er 9 jaar. Enige tijd nadat Benny directeur was geworden van Hebron en er medewerkers daar nodig waren, vroeg hij Roye om te komen helpen.

Vanaf dat moment ging er weer iemand vanuit Paramaribo naar KM45 voor de samenkomsten.

De gemeente leed onder het regelmatig verhuizen van haar leden. Vanwege het gebrek aan onderwijsvoorzieningen in de omgeving moesten de kinderen van de families verhuizen naar Paramaribo. Het gezin Sabajo verhuisde toen ook weer en ging waarschijnlijk naar Witsanti. Ook de eerstelingen in het gebied, Adolf en zijn vrouw, die hulpbehoevend werden, verhuisden naar Paramaribo om bij hun dochter te wonen. Zo kwam er een einde aan een van de eerste gemeenten van ECS. "Wij hebben daar nooit anderen bevolkingsgroepen tot de Here kunnen leiden." Hoewel het werk klein was, zal ook hier de eeuwigheid het resultaat laten zien. De werkers deden hun werk heel trouw.

> *"Zijn heer zeide tot hem. Wèl gedaan, gij goede en getrouwe slaaf, over weinig zijt gij getrouw geweest, over veel zal ik u stellen; ga in tot het feest van uw heer." (Matt. 25:21)*

Moengo: Gusti Betjik

Het begin onder Assemblies of God

In de jaren zestig was Moengo, een bolwerk van de vrijmetselaars, een geheime orde. Zij waren geplaatst op strategische posten, bij zowel Suralco als de overheid. Zij oefenden ook invloed uit op de gemeenten die toen in Moengo werkzaam waren.[2]

Het begin van de gemeente *Gusti Betjik* gaat terug naar het evangelisatiewerk van John de Cock, een zendeling van de Assemblies of God.[3] Albert van Els, stafmedewerker van Suralco en Rudi Manbodh, die in het onderwijs zat, evangeliseerden ook in het gebied in de late jaren zestig, beginjaren zeventig. In latere jaren bezochten ook andere voorgangers van Assemblies of God Moengo, waaronder Groseclose[4], Van Driel[5] en Ernest Thoeng.[6] Dankzij het evangelisatiewerk van deze werkers kon er een start gemaakt worden met een gemeente, onder verantwoordelijkheid van Assemblies of God. De gemeente ondervond stagnatie omdat De Cock, die de leiding had als buitenlandse zendeling, regelmatig terugging naar zijn thuisland. Bij terugkeer moest hij als het ware opnieuw beginnen. Begin 1976 kwam er enige stabiliteit in het werk van de gemeente onder leiding van Van Driel.

"Het kerkgebouw bevond zich letterlijk midden in het hol van de leeuw, omringd door de Loge, Court, Mechanics en Foresters aan de Walther Bursideweg. Zij infiltreerden in de gemeente en de voorganger werd hard aangevallen en beïnvloed door de vijand. De gelovigen waren pasbekeerden. Zij kwamen tijdens een opwekking, die in 1976 plaatsvond, tot geloof en wisten niet hoe de geestelijke strijd aan te gaan voor hun pastor. Duidelijk was te zien hoe de pastor in de macht van de vijand werd gehouden. Dit wekte vrees en angst onder de gelovigen. Sommigen bleven weg van de gemeente."

"Onze strijd is niet gericht tegen mensen maar tegen hemelse vorsten, de heersers en de machthebbers van de duisternis, tegen de kwade geesten in de hemelsferen." (Ef. 6:12, NBV)

In oktober 1976 nam een groep van hen het besluit om eigen diensten te houden onder leiding van de broeders Rene van Aerde en Johan Walter Bouterse.

Gusti Betjik

Op 4 december 1976 begon de gemeente, bestaande uit een groep Javanen, hun eigen samenkomst onder de naam *Gusti Betjik*, God is Goed, aan de Tidjanstraat.

"Het besluit werd genomen dat de broeders Rene van Aerde en Wasimin Mertopawiro de leiding zouden hebben in de plaatselijke gemeente. Bouterse zou de leiding hebben op een andere locatie. De gelovigen op de andere locatie werden op een later tijdstip ondergebracht bij de moedergemeente."

Na de aanvang van de gemeente hadden leiders van Assemblies of God tevergeefs geprobeerd de gemeente onder te brengen bij Assemblies of God. In de beginjaren werd de gemeente ondersteund door een zendingsraad, bestaande uit James Cooper van ECS en Pudsey Meye van Gods Bazuin. In de beginjaren tachtig sloot de gemeente zich aan bij het werk van Evangelie Centrum Suriname (ECS). Vanuit ECS kwamen er regelmatig leiders om het werk te ondersteunen, onder wie Ngadiran Saridin, Petrus Papoto, Pietro Brown en Elsworth Williams.

De gemeente werd geleid door twee oudsten en twee diakenen.

Oudsten	Diakenen
Rene van Aerde	Satiman Dipowirono
Wasimin Mertopawiro	Ngadimoen Rebin

Dit team werd in 1978-1979 ingezegend door het leidersteam van ECS. Een jaar eerder gingen twee jonge zusters naar de Bijbelschool: Ingrid Soerodimedjo en Soenarnie Dipowirono.

De eerste tien jaar "waren jaren van vallen en opstaan, maar de toenmalige gelovigen bleven volhardend bij elkaar."[7] Na ongeveer tien jaar kreeg de gemeente een eigen voorganger, Richard "Tino" Rebin. Hij studeerde van 1980-1983 op Hebron en leidde samen met zijn Legini de gemeente van 1987 tot 2003.[8]

In 2003 werd Lino Nathaniel de nieuwe voorganger. Na de overdracht ervoer de gemeente een verdere groei, waardoor het noodzakelijk werd om het kerkgebouw te vergroten en nieuw apparatuur aan te schaffen.

De gemeente kende in haar ruim veertig jaar ook dieptepunten. In 1986 werden de gemeenteleden verspreid vanwege de binnenlandse oorlog. Het tienjarig bestaan van de gemeente werd op 4 december 1986 met 12 mensen gevierd. De gemeente kende veel hoogtepunten, waaronder het uitzenden van verschillende werkers en het pionieren van nieuwe gemeenten. De eerste gemeenten ontstonden in Tukopi en Peto Ondro. De afgelopen jaren stichtte Gusti Betjik drie gemeenten, een in Bernharddorp in Moengo, een andere in Albina en een in Paramaribo.

Nieuw-Amsterdam: Commewijne Outreach Ministries

De broeders Johan Berkhuizen, Samuel Petrusie, Rewel Kartoredjo en Lyndel Williams maakten een start met huissamenkomsten in Nieuw-Amsterdam in 1975. "We hielden op de vrijdagavond bidstonden thuis bij broeder Rewel Kartoredjo."[9] Tijdens een kamp dat gehouden werd op Lust en Rust in augustus 1976 kwam Robby Dragman tot geloof in de Heer Jezus. Van het team dat een start maakte met de huissamenkomsten, bleven Rewel en Berghuizen betrokken bij het werk. Zij kregen later ondersteuning van Harry Outar. In 1976 werd de eerste steen gelegd voor een eigen kerkgebouw. Het gebouw werd in 1977 ingewijd.

In de jaren tachtig maakte de gemeente Nieuw-Amsterdam een splitsing mee.[10] Als gevolg van de splitsing ontstonden er twee groepen. Eén groep stond onder leiding van Harry Outar en de andere onder leiding van Johan Berghuizen. Beide gemeenten hielden samenkomsten in Nieuw-Amsterdam, in hun gebouwen die naast elkaar stonden, maar dan op verschillende tijdstippen. De groep Berghuizen bleef onder leiding van ECS.

In 1990 werd Robby Dragman de voorganger van de gemeente. Naast Berghuizen werden ook Nirmal Soekhai en Shankar Mohabier ingezegend tot oudsten. De gemeente begon al spoedig weer te groeien en er werden ook andere gemeenten gesticht. De naam van de gemeente werd veranderd van 'Gemeente Nieuwe Amsterdam' naar *Commewijne Outreach Ministries* (COM). "Het doel van de gemeente is om de bewoners van Commewijne te bereiken met het evangelie." Dragman leidde tot 2000 de gemeente, daarna vertrok hij naar de VSA. Uit het werk van COM werden de volgende gemeenten gesticht.

Ellen, Pomona en Zoelen

Een van de eerste gemeenten die voortkwam uit het werk van de gemeente Nieuw-Amsterdam, toen Robby Dragman daar de voorganger was, was de gemeente *House of Glory*. Wekelijks kwamen er vanuit de omgeving Ellen mensen naar de diensten in Nieuw-Amsterdam. De leiding van de gemeente vond dat er wekelijks te veel geld werd uitgegeven aan vervoerskosten van Ellen naar Nieuw-Amsterdam en vice versa. Dragman vroeg aan David Seedorf, die ook in de gemeente was, om zich bezig te houden met de leden van de omgeving van Mariënberg/Ellen. Seedorf, een afgestudeerde van de Bijbelschool, was sindsdien de voorganger van deze gemeente. Ondanks de vele hoogten en diepten die de gemeente mocht meemaken, bleef *House of Glory* een van de stabiele gemeenten in Commewijne. De gemeente telde ongeveer 100 leden en was bezig een eigen gebouw op te zetten voor haar samenkomsten.

In 1992 werd de gemeente Pomona gesticht en in 1993 die van Zoelen.

Meerzorg, Braamspunt, Lust en Rust

In 1997 maakte een groep gelovigen van Guyanese afkomst, van Commewijne Outreach Ministries (COM) Nieuw-Amsterdam, een start met evangelisatiewerk op Meerzorg. Verschillende mensen kwamen tot geloof door dit werk. Er werd besloten om samenkomsten te houden in dat gebied. De heer Rudolf Lall stelde zijn garage beschikbaar hiervoor. Helaas werd de eerste dienst die daar gehouden werd een uitvaartdienst voor de enige zoon van de heer Lall. COM Nieuw-Amsterdam stond de familie bij en troostte hen gedurende deze moeilijke periode. Deze zorg van de gemeente werd door God gebruikt om veel nabestaanden tot Christus te trekken. Op 30 maart 1997 werd de eerste gewone samenkomst gehouden, thuis bij de familie Lall. Een gemeente, "Hart van Aanbidding", werd daar gevormd. Deze gemeente stond onder leiding van Murphy Ali, die bijgestaan werd door Roy Lall, Roy Narain en Kemradj Singh. De samenkomsten werden op de zondagmiddag gehouden.

In 1998 werd de gemeente Braamspunt en in 2002 werd de gemeente Lust en Rust (*Liba foe Lobi*) gesticht.

Gemeente Bethel (Snesi kondre)

Op advies van James Cooper begon de gemeente Gods Bazuin met het houden van diensten in het Sranantongo.[11] Deze diensten werden geleid door Ronald Ronde. Een groep mensen van Aukaanse afkomst bezocht deze ochtenddiensten en velen kwamen tot bekering. Deze gelovigen wilden ook met hun mensen in het Marowijne-gebied de blijde boodschap delen. De deur daartoe ging enkele jaren later open. In 1973 kwam Andre Alasa naar de Bijbelschool. Hij voelde zich geroepen om God te dienen in het binnenland, namelijk in Marowijne. Na zijn trainingsperiode moest hij wachten op een opendeur. Cooper daagde hem uit om te bidden voor een opendeur en een ander echtpaar met wie hij zou kunnen optrekken. Kort daarna kwam Petrus Papoto, vanuit Gods Bazuin, naar de Bijbelschool. Papoto kwam oorspronkelijk uit het Langatabbetje-gebied. Het gebed was beantwoord.

"Ik weet wat u doet. Ik heb ervoor gezorgd dat de deur voor u openstaat, zonder dat iemand hem kan sluiten." (Openb. 3:8a)

Ter voorbereiding op een missie naar het gebied brachten James Cooper en Pudsey Meye een oriëntatiebezoek naar Langatabbetje. Zij deelden hun intenties om zendingswerk in dat gebied te doen mee aan de toenmalige granman van de Paramaccaners, Cornelis Zacharias Forster (1951-1991). Forster gaf hen toestemming om van start te gaan met hun werk in zijn gebied. Na de verkregen toestemming bracht een team in 1982 een oriëntatiebezoek aan het gebied. Het team bestond uit de volgende broeders: Pudsey Meye, James Cooper, PC Williams, Andre Alasa, Robby Dragman, Henny "Petrus" Papoto, Stuart Wongobe en Johan Dore. Vanaf dat moment werd er maandelijks een bezoek gebracht aan Langatabbetje.

Vanuit Langatabbetje werd het evangelie verkondigd aan verschillende dorpen in de omgeving. Het werk kreeg een plaats aangewezen van de bewoners, zodat ze een zendingspost op konden zetten. Deze post, *Snesi Kondre,* was zowel over het water als over land te bereiken. Het "Marowijneteam" werd samengesteld. Dit team bestond uit Andre en Niura Alasa, Robby en Ingrid Dragman, Petrus en Enid Papoto en Frans en Philly Freedrik. Theo Koeman diende later ook ongeveer vijf jaar in dat gebied. Koeman keerde met malaria terug naar Paramaribo.

De bedoeling was om vanuit de zendingspost Snesi kondre het evangelie te verkondigen aan de dorpen die stroomopwaarts lagen. Mensen die dan tot geloof waren gekomen, zouden op Snesi kondre getraind worden. De visie was om het evangelie te prediken in het Boven-Marowijne, Tapanahony en Lawa gebied. Het team begon zelf stenen te maken voor de bouw van woningen. Aanvankelijk werden de stenen in Moengo gemaakt, maar later gebeurde dat op Snesi kondre. Er werd gebruikgemaakt van zand uit de rivier. Op de zendingspost werden er ook planken gezaagd van hout uit de omgeving. De Evangelische Omroep uit Nederland hielp het team financieel met de bouw van de woningen. *Tearfund* gaf hen een lichtmotor. De zendingspost kreeg de naam Bethel; daar stond een kerkgebouw of zaal en er waren huizen gebouwd voor de werkers.

De training van medewerkers werd gelijk ter hand genomen. De eerste studenten die zich aanmeldden waren twee echtparen en enkele alleenstaande broeders en zusters.

Op de zondag was er een dienst waar mensen uit de omgeving ook naartoe kwamen. Het werk begon onder de Paramaccaners. Maar tijdens de periode van de binnenlandse oorlog, 1986-1992, ging men verder de rivier op naar de Aukaanse dorpen langs de Tapanahony en later langs de Lawa. De Aukaanse gelovigen maakten dankbaar gebruik van bekende vormen van zang, dans en klederdracht in hun cultuur bij het uitdragen van het evangelie. Op deze manier werden de culturele uitingen in de dienst van het evangelie tot eer van God gebruikt.

> *"Voor de zwakken ben ik zwak geworden om hen te winnen. Ik ben voor iedereen wel iets geworden, om in elke situatie althans enkelen te redden." (1 Kor. 9:22, NBV)*

Het Marowijneteam zaaide het zaad van het evangelie in deze dorpen. Het team stichtte een gemeente in Nyun Libi, aan de Boven Apatu. Het dorp bestaat inmiddels niet meer, waardoor de gemeente werd opgeheven. Er werd ook een gemeente gesticht in Maripasula.

God gebruikte naast het Marowijneteam ook andere gemeenten om de vruchten te oogsten! Dat doet denken aan de dienst van Apollos en Paulus.

> *Wat is Apollos eigenlijk? En wat is Paulus? Zij zijn niet meer dan dienaren die u tot geloof hebben gebracht, beiden op de wijze die de Heer hun heeft geschonken. Ik heb geplant, Apollos heeft water gegeven, maar God heeft doen groeien. Het is niet belangrijk wie plant of wie begiet; alleen God is belangrijk, want hij doet groeien. Wie plant en wie begiet hebben hetzelfde doel, al worden ze ieder apart beloond overeenkomstig de moeite die ze zich hebben gegeven. (1 Kor. 3:5-8, NBV)*

Veel dorpen in deze omgeving hebben tegenwoordig een gemeente.

Peto Ondro, Tukopi

Naast de groep Javanen die tot geloof kwamen in Moengo in de jaren 70, kwam ook de eerste groep Aucaners tot bekering.[12] Door evangelisatiewerk kwam begin jaren tachtig ook een aantal mensen van Peto Ondro tot geloof. Onder de groep bevond zich ook een bekende *obiaman,* Da Misaye. Toen zijn winti op hem was gekomen, kreeg hij alcohol in een glas aangereikt. Hij dronk niet alleen die alcohol, hij at ook het glas op. Zijn bekering bracht vele tongen in beroering in het dorp. Er kwamen ook andere mensen in het dorp, die ook belast waren met een boze geest, tot bekering. Dat werd niet gewaardeerd door de aanhangers van de traditionele godsdienst in het dorp. Een van de winti's protesteerde tegen de aanwezigheid van de christenen in het dorp. De winti kon naar eigen zeggen niet meer vrij opereren in het dorp. Volgens Rebin zijn ze "in plus minus 84 onder zware strijd begonnen met de gemeente in Peto." De gelovigen werden, evenals Paulus toentertijd in Filippi, flink toegetakeld door de jongemannen in het dorp.[13]

"Immers, ondanks de mishandeling en de smaad, die wij, zoals gij weet, te Filippi tevoren ondergaan hadden, hebben wij u, in onze God vrijmoedig, onder zware strijd het evangelie Gods gebracht." (1 Thess. 2:2 NBG)

Echter bleven de gelovigen standhouden.

Hoewel de strijd doorging, konden de gelovigen in 1987 de diensten in een eigen gebouw houden in het dorp. De Heer gaf uiteindelijk de volle overwinning. Vanaf 1992 konden de gelovigen in alle rust de diensten houden in het dorp. Hendrik Pinas was de voorganger van de gemeente. Jaren later kwamen veel van de jongemannen van Peto Ondro die de gelovigen hadden toegetakeld tot bekering en zij werden leiders onder de gelovigen. God is goed!

"Ik dank Christus Jezus, onze Heer, dat hij mij kracht gegeven heeft en het mij heeft toevertrouwd hem te dienen, Hoewel ik hem vroeger heb bespot, vervolgd en beschimpt. Toch heeft hij zich over mij ontfermd, omdat ik door mijn ongeloof niet wist wat ik deed. Onze Heer heeft mij zijn genade in overvloed geschonken, evenals het geloof en de liefde die we in Christus Jezus bezitten. Deze boodschap is betrouwbaar en verdient onze volledige instemming: Christus Jezus is in de wereld gekomen om zondaars te redden. Ik was de eerste." (1 Tim. 1:12-15)

Eind jaren 70 werd er pionierswerk gedaan in het dorp Tukopi. Kort na de binnenlandse oorlog werd er een start gemaakt met het oprichten van een gemeente. Vanwege werkzaamheden van Suralco in het gebied en het leeglopen van het dorp verhuisden de gelovigen eind jaren 90 en het beginjaar 2000 naar Moengo. Max Galimo diende de gemeente als voorganger.

Galibi

Een werk te Galibi begon onder leiding van Karel Kasanpawiro van Lelydorp, met de bekering van Ronald Pane. Ronald kwam via zijn toenmalige vriendin Roosmarie Brunings, een zus van broeder Moestafa Brunings, in de gemeente Lelydorp. Roosmarie had de Heer leren kennen. Zij nodigde haar vriend Ronald uit om mee te gaan naar de gemeente. Ronald ging akkoord en werd tijdens een bidstond bevrijd van demonische machten die hem plaagden. Ronald wou toen teruggaan naar zijn dorp om aan zijn mensen het evangelie te verkondigen. Hij wist dat zijn mensen de kracht van God, die hij zelf had ervaren, nodig hadden. Zij moesten ook bevrijd worden van de demonische machten die hun woongebied teisterden. Hij wou invulling geven aan de woorden van Jezus aan iemand die Hij had bevrijd van boze geesten:

"Ga naar huis, naar uw eigen mensen, en vertel hun wat de Heer allemaal voor u heeft gedaan en hoe Hij zich over u heeft ontfermd." (Mark 5:19)

De voorganger van de gemeente was ingenomen met het verlangen van Ronald, maar adviseerde hem om eerst naar de Bijbelschool te gaan. Ronald gehoorzaamde zijn voorganger en ging naar de Bijbelschool. Nadat hij was afgestudeerd begeleidde de voorganger hem zelf naar het dorp. Zo werd de gemeente gesticht. Ronald kwam na een tijdje terug naar de basisgemeente. Zijn broer en zwagerin, Dennis en Georgette Pané, namen de leiding van de gemeente over.

Mission Pentecôtiste (Frans-Guyana)

In 1982 brachten James Cooper en Pudsey Meye een oriëntatiebezoek aan Frans-Guyana. Piëtro Brown maakte deel uit van de delegatie.[14] Brown werd op een tot nu toe onverklaarbare wijze aangereden door een auto, waardoor zijn onderbeen tot zijn heup maandenlang in gips was gezet. Deze aanrijding, die als een aanval werd ervaren, kon het werk van de Heer niet stoppen.

Het echtpaar Piëtro en Eugenia Brown ging, nadat zij de Bijbelschool (1979-1982) hadden doorlopen en de veldtraining hadden gedaan in Moengo, in 1983 naar Saint Laurent, Frans-Guyana. "Terwijl ik in gebed was, zag ik Saint Laurent du Maroni in een visioen. Ik wist toen dat ik naar die plaats moest gaan om het werk van de Heer te doen."

Op St. Laurent huurden de Browns een huis en ze begonnen samenkomsten te houden. Ondanks het feit dat zij wisten dat ze daar moesten zijn, was het niet eenvoudig. De gemeente was klein en de huur voor het huis waar zij samenkomsten hielden was heel hoog. Na een jaar konden zij een goedkoper huis huren. De diensten werden aanvankelijk door inheemsen en Fransen bijgewoond. Echter kwamen de mensen niet trouw. "Sommige mensen kwamen naar de diensten omdat ze dachten dat zij iets materieels konden krijgen van de gemeente. Bij een samenkomst waren er eens maar drie mensen. Ik vroeg mezelf af of ik zo door moest gaan. Toen ik muziek begon te spelen, werd ik heel erg bemoedigd door de Heer. De Heer liet mij mensen zien die naar de samenkomsten kwamen.

Zij waren niet zichtbaar op dat moment. Maar ik wist dat ik door moest gaan."[15]
Deze ervaring was, evenals bij Paulus toen hij in Korinthe was, een bemoediging.

"Wees niet bang, maar blijf spreken en zwijg niet! Ik sta je bij en niemand zal een vinger naar je uitsteken om je kwaad te doen, want veel mensen in deze stad behoren mij toe." (Acts 18:9-10 NBV)

Vanwege de binnenlandse oorlog in Suriname is eind 1986 en begin 1987 een groep Surinamers gevlucht naar Frans-Guyana. Onder de vluchtelingen bevonden zich ook christenen uit Moengo, afkomstig uit de gemeente Gusti Betjik. Hun aanwezigheid gaf aanleiding om te beginnen met het werk onder de marrons. Verschillende van hen werden een steunpilaar voor het werk, onder wie Lino Nathanael, thans voorganger van de gemeente Gusti Betjik in Moengo. Een andere persoon was een zekere broeder Sam. Er waren ook Frans-Guyanezen die zich inzetten voor het werk, waaronder Daniel Mangal, die in de landbouw werkte. Het werk werd bevestigd in St. Laurent. God gebruikte de vluchtelingen uit Suriname voor zijn werk in Frans-Guyana.

Na ongeveer 7 jaar arbeid vertrok het gezin Brown naar Nederland. Het werk werd sindsdien uitgebreid en staat bekend onder de naam *Mission Pentecôtiste*. Het telt momenteel acht volwaardige gemeenten met een eigen bestuur.

Gemeenten Mission Pentecôtiste		
Gemeente	Plaats	Voorganger
Mission Pentecôtiste	Saint Laurent	Richard Rebin
Mission Pentecôtiste	Cayenne	Modens Sawme
Mission Flame	Maiman	Carlo Pojoto
Oui Seigneur	Route de Mana	Carlos Pinas.
Shalom	Charvean	Kenneth Misidjan.
Merci Seigneur pour ta Grace	Croisiere Mana	José
Mission Pentecôtiste	Mana	Daniel Mangal
Mission Pentecôtiste	Saint Rose (Cayenne)	Marcus Jubitana.
Reveille	Cayenne	Tebo Edwards

De gemeenten kenden vele mensen van Surinaamse afkomst. *Reveille* in Cayenne werd gesticht door Bernard Bisoina, die daar werkte onder de Saramaccaners. Bisoina was diplomaat namens de Republiek Suriname in Frans-Guyana.

Daarnaast zijn er zeven gemeenten in een pioniersfase, waar er nog geen een eigen voorganger en oudsten zijn aangesteld.

Pionierswerk	
Plaats	Verantwoordelijke
Saint Laurent	John Vorswijk.
Apatou	Carlo Pojoto
Route de Mana	Carlos Pinas
Route de Mana	Albert Afonsoewa
Macouria	Modens Sawme
Macouria	Marcus Jubitana
Kourou	Asoinda Haabo

Het pionierswerk in Macouria met Sawme richt zich op Franse inheemsen. Terwijl er onder de Saramaccaners wordt gepionierd in Kourou, Route de Mana en Saint Laurent.

Het werk in Frans-Guyana werd geleid door een apostolisch team onder leiding van Richard Rebin. Er was ook een plaatselijke Bijbelschool die trainingen verzorgde aan lokale werkers en leiders. Voor hen wordt er vanaf 2007 jaarlijks een profetische en apostolische conferentie gehouden.

---

[1] Persoonlijke communicatie Chester Oliver.

[2] Persoonlijke communicatie Tino Rebin (februari 2016).

[3] De Cock diende Assemblies of God in Suriname van 1962-63, 1967-72, 73-75.

[4] Groseclose diende Assemblies of God in Suriname van 1972-74.

[5] Hij diende Assemblies of God in Suriname van 1974-77.

[6] Thoeng diende Assemblies of God in Suriname van 1977-81 en 1984-2003

[7] Tot vier keren toe kwam er een splitsing in de gemeente. Een splitsing vond plaats onder leiding van br. Wasimin. Hij stichtte de gemeente Tentrem.

[8] Tino werd op 5 februari ingezegend, toen de binnenlandse oorlog nog gaande was. De leiders vanuit Paramaribo konden in die tijd niet gemakkelijk naar het oosten reizen omdat het niet veilig was.

[9] Samuel Petrusi, persoonlijke communicatie, september 2018.

[10] . Prashad, *Werkstuk Apollos 2003*. Rewel Kartoredjo scheidde zich in 1985/86 af en begon een andere gemeente onder de naam "*Kabar Rahayu.*" Deze gemeente is thans een bloeiende bediening die geleid wordt door zijn schoonzoon en dochter (Persoonlijke communicatie Joan Macnack).

[11] Persoonlijke communicatie Tino Rebin, Theo Koeman.

[12] Persoonlijke communicatie Tino Rebin.

[13] Jaren laten kwamen veel van deze jongemannen tot bekering.

[14] Dit deel bestaat onder andere uit persoonlijke communicatie met Tino Rebin (februari 2017).

[15] Persoonlijke communicatie, dec. 2017.

GEMEENTESTICHTING AAN DE KUSTVLAKTE

Gemeente Munder

De gemeente van Munder was een van de eerste gemeenten van ECS. Het werk van ECS was voornamelijk gericht op de districten, omdat er in Paramaribo al verschillende pinkstergemeenten aanwezig waren. Daarom ging men eerst naar het Boven-Suriname gebied (Futuna), Nickerie (Wageningen) en Marowijne (Perica). Deze gemeenten ontstond allen binnen twee jaar na het begin van het werk van ECS op Slootwijk.

In 1971 werd er in Munder een gemeente gesticht. Stanley en Celeste Dissels voelden zich niet geroepen voor het binnenland. Dissels kreeg van een familie, die naar Nederland emigreerde, een woning aan de Baikoetoestraat in Munder. Hij en zijn vrouw begonnen in 1971 huis-aan-huis te evangeliseren in dat gebied. Zij begonnen met een huisgemeente van vijf mensen. John Slagtand, een afgestudeerde van de Bijbelschool, ondersteunde het werk voor een paar maanden.

In 1972 werd een tentcampagne gehouden op de hoek van de Munderweg en de 3[de] zijstraat. Verschillende mensen kwamen tot geloof, waardoor de gemeente groeide tot 20 zielen. De gemeente bleef actief evangelisatiewerk doen in de omgeving. Met medewerking van anderen werd er in latere jaren weer een tweede tentcampagne gehouden. Door de groei van de gemeente werd de ruimte in het huis waar de diensten werden gehouden te klein. De samenkomsten moesten verhuizen. "In deze zelfde periode verhuisde het trainingscentrum van Slootwijk naar Paramaribo. Chester Oliver vond een huis op neuten te huur aan de 2[de] zijstraat in Munderbuiten... De benedenruimte van dit huis werd gebruikt als ontmoetingsplaats voor de uitgegroeide huisgemeente."[1]

De gemeente kocht het terrein waarop de tentcampagne werd gehouden. Dankzij de offervaardigheid van de broeders en zusters, de medewerking van een groep gelovigen uit het binnenland en Bijbelschoolstudenten kon de gemeente een eigen kerkzaal bouwen. Dit gebouw werd op 10 december 1978 ingewijd.[2]

Voorgangers van de gemeente Munderbuiten	
Stanley Dissels	1971-1975
James Cooper	1975-1976
Stanley Dissels	1977-1984
John Slagtand	1984-1989
Sherlock Tacoordeen	1989-2014

| Johan Aboikoni | 2014-heden |

Stanley en Celeste Dissels vertrokken in 1985 naar Nederland en stichtten de volle evangelie gemeente "Het Zout der Aarde" in Rotterdam. Na het vertrek van de familie Dissels werd Johnny Slagtand de voorganger van Munder.[3] Slagtand stond bekend om zijn prediking in verschillende Surinaamse talen.

Werkers van de gemeente Munder maakten een start met "de volle evangelie gemeente Land van Dijk" (thans *The Open Door*). Uit deze gemeente kwam de "Ware Wijnstok" en "Gods huis" voort.

The Open Door

In 1981 verhuisde de Familie Anson-van Hekelen, die de volle evangelie gemeente Lelydorp bezocht, naar Land van Dijck.[4] Via Karel Kasanpawiro vonden ze aansluiting bij de gemeente Munderbuiten en kregen ze nazorg van Henry en Betty van Geene-Parisius. Er werd wekelijks een bijeenkomst thuis bij de Ansons gehouden. Marion Gemert, de assistent voorganger en jeugdleider van Munder, begon ook de bidstonden bij te wonen. Gemert, een afgestudeerde van de Bijbelschool, kreeg de leiding over de gebedsgroep en breidde de activiteiten uit met evangelisatie in de directe omgeving. Enkele buurtbewoners kwamen als gevolg hiervan tot bekering. In oktober 1983 werd een twee weken durende Tent Evangelisatie Campagne gehouden in de omgeving. Velen kwamen tot geloof en sloten zich aan bij de kleine gemeente, die spoedig begon te groeien. In mei-juni 1985 hield de gemeente gedurende drie weken een nieuwe Tent Evangelisatie Campagne. Velen kwamen tot geloof en sloten zich ook weer aan bij de gemeente. In 1986 werd een stichting in het leven geroepen met de naam "De Poort des Hemels". Later, in 1989, werd de naam van de gemeente veranderd in *The Open Door*. In 1989 werd Marlon Mac Bean, die in 1988 de Bijbelschool afrondde, ingezegend als voorganger van de gemeente. Hij diende de gemeente ruim tien jaar. Daarna vertrok hij naar Curaçao. Ruben Dulder werd de nieuwe voorganger van de gemeente. Hij diende de gemeente slechts kort, omdat hij ook in 2000 vertrok naar Curaçao. Hij werd opgevolgd door Ewald Gregor.

Uit het werk van *The Open Door* zijn verschillende mensen voortgekomen die leiding of medeleiding gaven in een van de gemeenten van ECS. Naast een interne training volgden zij de Bijbelschool Hebron of Apollos. Het ging om de volgende broeders en zusters: Gamaliël Abini, Robby Aloewel, Ulrich Anson, Ruben Dulder, Denise Dulder, Steven Grant, Ewald Gregor, Jennifer Plet, David Seedorf en Unitia Seedorf.

Een van de visies van de gemeente was het stichten van andere gemeenten. Er werden vanuit *The Open Door* gemeenten gesticht in Saramacca, Pokigron en Curaçao.

David Seedorf, een fulltime zendeling van de gemeente, begon met een kleine groep van gelovigen samenkomsten te houden op Tammenga. Dit werk was ontstaan uit twee Tent Evangelisatie Campagnes die in de omgeving werden gehouden. Het werk stopte toen Seedorf de gemeente verliet en zich aansloot bij de gemeente in Nieuw-Amsterdam.

Helaas kende *The Open Door* naast groei ook minder prettige dingen, waaronder verschillende afsplitsingen.[5]

Brood des Levens

In maart 1985 werd de "Jesus Film" vertoond op Charlesburg. Veel mensen gaven die avond gehoor aan de oproep om hun leven te geven aan de Heer Jezus. Met deze nieuwe gelovigen werd de gemeente Charlesburg gesticht, waaraan P.C. Williams een belangrijke bijdrage heeft geleverd. Thans heet de gemeente "Brood des Levens."

Gemeente De Ware Wijnstok

Veel mensen die gevestigd waren in Pontbuiten bezochten de gemeente in Munderbuiten. Toen Johny Slagtand in 1984 de voorganger werd van de gemeente Munder, nam hij het initiatief om samen met de gelovigen die op Pont woonden een pioniersgemeente te starten. Munder vaardigde in 1985 een van haar leden, Johan Dore, af om de gemeente te leiden. Hij werd de eerste voorganger van de gemeente. Dore was als zendeling vanuit gemeente Munder eerder uitgezonden naar Wageningen. Nadat hij zijn werk op Wageningen had volbracht kwam hij terug naar Paramaribo en hij ondersteunde het werk in Pontbuiten. Hij was een man die hart had voor het werk in Pontbuiten. Dore werd in het werk bijgestaan door de broeders Kastiel en Nel Silvin, die als oudsten dienden.

Dore diende de gemeente enkele jaren en vertrok naar een nieuw zendingsveld, Frans-Guyana. Een van de oudsten van de gemeente, Kastiel, werd de voorganger van de gemeente. De gemeente was gevestigd aan de Jozefweg.

Na Kastiel werd John Slagtand de voorganger van de gemeente Pontbuiten. Hij diende de gemeente enkele jaren en vertrok in december 1995 met zijn gezin naar de Verenigde Staten van Amerika. Nel Silvin werd de nieuwe voorganger.

Vanwege persoonlijke problemen werd Silvin vervangen door Marlon Mac Bean, die in die tijd ook voorganger was van gemeente *The Open Door*.

Op 26 januari 1997 werd Robby Aloewel, een van de oudsten van de gemeente *The Open Door*, ingezegend als voorganger van de gemeente. Aloewel studeerde van 1988 tot 1991 op Bijbelschool Hebron.

Onder het voorgangerschap van Aloewel onderging de gemeente een naamsverandering, van "gemeente Pontbuiten" naar "De Ware Wijnstok", gebaseerd op de Bijbeltekst in Johannes 15.

> *"Ik ben de wijnstok, gij zijt de ranken. Wie in Mij blijft, gelijk Ik in hem, die draagt veel vrucht, want zonder Mij kunt gij niets doen." (Joh. 15:5)*

Het motto van de gemeente is: "Zonder Mij kunt gij niets doen."

Er werd ook gewerkt aan een visie voor gemeente die volgens Aloewel bestaat uit:

"Het doen ontstaan van een sterk centrum van waaruit er zending bedreven zal worden, namelijk Pontbuiten en omgeving en in het binnenland en buiten de grenzen van Suriname. Het samenstellen van een sterk leidersteam met kwalitatieve leiderschap. Het trainen van werkers om de geplaatste doelen te bereiken, zoals het stichten van gemeenten en het uitzenden van werkers."

Op 11 maart 2006 ging men van start met de bouw van een eigen kerkgebouw aan de Hermanusweg in Pontbuiten. De gemeente telt momenteel 200 zielen.

Gemeente De Kandelaar

Benny Macnack had de gewoonte om zich aan het eind van het jaar met zijn gezin terug te trekken vanuit de drukte van het werk. Hij zocht in die periode ook de Heer voor leiding en specifieke instructies. Dat deed hij ook weer aan het einde van 1985. Hij kreeg van de Heer door dat hij vanuit de Bijbelschool in 1986 twee nieuwe gemeenten moest starten. Een gemeente op Paranam en een op Frimangron.

Benny verkende Frimangron en merkte dat bij een zuster aan huis reeds geregeld een kindersamenkomst werd gehouden. Deze zuster had met haar gezin enkele jaren op Hebron gewoond. Zij was lid van de gemeente Gods Bazuin. Benny nam contact op met Pudsey Meye, de voorganger van Gods Bazuin, om na te trekken of hij van plan was een gemeente in die omgeving te starten. Meye had daartoe geen plannen en gaf Benny zijn zegen om iets daar te doen.

De gemeente

In 1986 begon hij samen met studenten van de Bijbelschool op de vrijdagmiddag te evangeliseren in de wijk Frimangron.[6] Nadat er twee maanden in de omgeving was geëvangeliseerd, werd op 17 maart 1986 een start gemaakt met het houden van samenkomsten. De eerste samenkomst werd gehouden in het buurtcentrum Rialto in de Hofstraat. De gemeente begon heel klein. "In de eerste samenkomst waren er naast de werkers nog 4 personen aanwezig, van wie 2 reeds een andere plaatselijke gemeente bezochten. Zij bezochten deze samenkomst uit dankbaarheid aan de Heer, omdat zij reeds geruime tijd hadden gebeden dat de Here een werk in hun omgeving zou beginnen."[7] De gemeente kreeg de naam "De Kandelaar" vanwege de verwijzing in het boek Openbaring naar de gemeente als kandelaar.

> *"Het geheimenis der zeven sterren, die gij gezien hebt in mijn rechterhand, en de zeven gouden kandelaren: de zeven sterren zijn de engelen der zeven gemeenten, en de kandelaren zijn de zeven gemeenten." (Openb. 1:20)*

De gemeente begon geleidelijk aan, langzaam en moeizaam, te groeien. Een mevrouw die tegenover Rialto woonde, kwam tot geloof. Bij haar thuis werden toen doordeweeks Bijbelstudies verzorgd. Later werd er voor dit doel op haar erf een tent opgezet. Na een evangelisatiecampagne, die in samenwerking met Bally Brashuis in augustus 1986 werd gehouden, kwamen verschillende mensen tot bekering. De Heer deed bijzondere dingen op het gebied van bevrijding en mensen sloten zich aan bij de gemeente.[8]

Een gelovige uit een andere gemeente vertelde Benny Macnack over een leegstaand perceel aan de Limesgracht naast haar ouderlijk huis. De eigenaar woonde op Curaçao. Na veel pogingen ondernomen te hebben, lukte het om het perceel van hem te kopen. "De eerste tent aan de Limesgracht 33 kon worden opgezet, dat moet in 1988 geweest zijn. De zeer gemotiveerde broeders werkten onder de bezielende leiding van Benny om deze op te zetten."[9] De samenkomsten werden toen verplaatst naar dat perceel waar die tent was opgezet. Vanwege de groei van de gemeente werd de tent tot drie keer toe vergroot.

"De eerste gitarist van de gemeente was Joan Macnack. De Heer was zo goed en bracht een andere gitarist. Freddy Eduart sloot zich met zijn gezin aan. Hij nam dat deel van het werk over van Joan."[10] Andere capabele medewerkers van de gemeente waren Ronald Brandon, Humphrey Eduards, Henry Macnack en August Anches. Er werden oudsten en diakenen ingezegend voor het werk.

Iwan Oron en Theo Koeman werden belast met het jeugdwerk. Er was een enthousiaste jongerengroep die gebedswandelingen in de omgeving organiseerden. Zij verkondigden ook het evangelie waardoor mensen tot bekering kwamen. Hierdoor nam het zielental van de gemeente toe.

"Er werd veel gebeden. Gedurende een hele periode waren er reeds om 5 uur in de ochtend bidstonden." [11]

In 1996 bedroeg het aantal leden van de gemeente uit ongeveer 250 mensen. Het merendeel van de gemeente, 60%, bestond uit jonge mensen. De visie van De Kandelaar was om een gemeente te zijn, van wie de meerderheid van de leden afkomstig was uit Frimangron. In 1996 was ongeveer 30% uit de omgeving. Naar etniciteit zag de samenstelling van de gemeente er als volgt uit: Creolen 70%, Marrons 20%, Hindoestanen 5%, en overigen 5%.[12]

Benny Macnack, die als voorganger diende in de gemeente, droeg in 1996 de verantwoordelijkheid over. "De overdracht duurde een paar jaar, waarbij Macnack steeds meer als coach optrad."[13] Geleidelijkaan namen anderen de leiding over. In 1996 werd Naifa als oudste aangesteld. In 2000 werd hij de co-pastor. Niet lang daarna werd hij tot voorganger ingezegend. Hij werd bijgestaan in het werk door de ouderlingen Ronald Brandon, Ruben Filemon, Henry Anches en Thomas Codrington.

In de daaropvolgende jaren groeide de gemeente uit tot ruim 350 leden in 2003.[14] Thans is er aan de Limesgracht een ander perceel gekocht, waarop reeds bouwactiviteiten gaande zijn. "We zien uit naar de voltooiing van de bouw, zodat we vanuit onze 'tent' kunnen opbreken. Het oorspronkelijk plan voor het perceel waar we nu nog op gevestigd zijn, is het opzetten van een multifunctioneel centrum. Toekomst, een droom? De tijd zal het uitwijzen" [15]

Stichting Dorkas

De Kandelaar wist zich ook door de Heer geroepen om om te zien naar de sociale noden in haar omgeving. Speciaal voor dit werk werd de Stichting Dorkas opgericht. Op twee scholen werd aan kinderen, die daarvoor in aanmerking kwamen, dagelijks een belegd broodje verstrekt. Elke vrijdag kregen zij een warme maaltijd. Op de zaterdag werden behoeftige gezinnen in Frimangron van een voedzame maaltijd voorzien. Met Kerst en Pasen werden er voedselpakketten verstrekt. Er werden uitstapjes georganiseerd voor senioren en alleenstaande moeders en hun kinderen. Het sociaal werk breidde zich uit tot ver buiten Frimangron.

Drie nieuwe gemeenten

Tussen 1987-1990 kreeg Benny Macnack een visioen van de Heer om gemeenten te stichting in de omgeving van Toekomstweg, Saron en Balonaproject. Deze gemeenten zouden samen met gemeente De Kandelaar een ketting moeten vormen. De gemeenten moesten samen als bediening functioneren. Zij zouden samenwerken om geheel Paramaribo voor Christus te winnen. Overal waar God hen zou aanwijzen, zouden zij met een nieuw werk beginnen. Benny stuurde vanuit De Kandelaar evangelisatieteams naar deze plaatsen. De werkers die leidinggaven aan het evangelisatiewerk waren Carlo Burke, Willem en Joyce Rust-Olf, Naifa en Margo Saling, Stephen en Patricia Macnack.

Het team van de Toekomstweg deed zijn werk, maar kon geen geschikte plaats vinden voor het houden van samenkomsten. Uiteindelijk werd aan de Henriëttesteeg, een zijstraat van de Indira Gandhiweg, een perceel gekocht. Daar ging de gemeente van start. Thans heeft de gemeente ook een eigen gebouw. Freddy Eduart, die sinds 1992 als ouderling diende in De Kandelaar, en zijn vrouw Margriet, werden vrijgemaakt voor het werk aan de Henriëttesteeg. Hij werd rond 2000 ingezegend als voorganger. Deze gemeente heet de Tabernakel van David.

In de omgeving van Saron werd er geen gemeente gesticht. Er ging een team naar Rensproject, Peu et Content. Daar was wel een gemeente ontstaan. De diensten worden gehouden te Creebsburg, aan de Kwattaweg. Theo Koeman was daar de voorganger. Aan de Islamstraat, een zijstraat van de Kwattaweg, werd een tent opgezet waar regelmatig diensten werden gehouden.[16]

In Efraïmzegen kwam er bij een gezin aan huis een groep samen. Naifa Saling, die de familie van vroeger kende, had daar de leiding. Hij werd bijgestaan door enkele jonge broeders uit De Kandelaar. Het werk groeide snel. Naifa kon vanwege zijn groeiende werkzaamheden in De Kandelaar op een gegeven moment niet meer geregeld naar Efraïmzegen gaan. De jonge broeders die met hem meegingen, gingen toen verder met het werk. Het werk bloeide en er werd een ruime tent opgezet om de samenkomsten te houden. Nu is daar een gemeente die onder leiding van deze broeders staat.[17]

Kom tot Hem (Balona)

In 1994 begon het team dat evangeliseerde op Balona diensten te houden in een klaslokaal van de Tammenga school. De familie Saling, die op Balona woonde, verhuisde naar Zorg en Hoop en kwam toen in de gemeente De Kandelaar. De toenmalige voorganger van het werk op Balona vertrok naar Aruba. Hij droeg de leiding van de gemeente over aan twee van zijn medewerkers. Met het vertrek van de voorganger ontstonden er min of meer twee groepen in de gemeente. Een groep vond dat de voorganger op Aruba nog steeds de leiding had over het werk. En andere groep was van oordeel dat de plaatselijke leiders de eindverantwoording hadden. De twee leiders op Balona worstelden met deze vraag. Uiteindelijk stapte een van hen op en ging ergens anders een werk pionieren. De tweede bleef, maar ging na een jaar ook weg. Tot die tijd kwam de gedachte van een bediening samen met de andere gemeenten, zoals Macnack die had voorgesteld, niet tot zijn recht. Elke gemeente ging een eigen weg.

De gemeente op Balona richtte in september 2008 een eigen stichting op. De naam van de gemeente werd toen veranderd van "Gemeente Balona" naar "Gemeente Kom tot Hem."

De leiding van ECS was van oordeel dat iemand van ECS de leiding van het werk moest overnemen. Er werd gesproken met Robby Aloina, een jeugdleider van De Kandelaar. De Kandelaar had in die tijd een dynamische jeugdgroep met ongeveer 70 mensen. Aloina moest zo snel als mogelijk een beslissing nemen, gaan voor de nieuwe uitdaging of blijven bij het groeiende werk van De Kandelaar. "Ik nam binnen een week een beslissing. Ik heb God niet echt kunnen zoeken, noch mijn vrouw kunnen overtuigen. De nood was hoog en omdat ik wist dat ik door God geroepen was voor Zijn werk, zei ik dat ik ervoor zou gaan. Mocht het niet de wil van God zijn dan kunnen wij altijd terug."[18] Werkers van God worden soms in een dergelijke situatie geplaatst, waarbij zij een beslissing moeten nemen. De wil van God is niet altijd duidelijk voor hen. Zij nemen dan in geloof een stap. Zo was het ook bij Paulus. Hij nam in geloof een stap om ergens naar toe te gaan voor het werk van de Heer. Maar de Heer had andere plannen. Hij werd door de Geest verhinderd. Toen zou hij ergens anders gaan, maar ook toen werd hij door de Geest verhinderd. Uiteindelijk maakte de Heer in een droom aan hem duidelijk waar hij moest gaan (zie Handelingen 16).

Aloina ging in november 2010, zonder zijn vrouw, naar Balona. Zijn vrouw was net bevallen van hun eerste kind. Zij kwam drie maanden later bij hem. Ouderling Henry Anches en zijn vrouw Mary gingen met hen mee en zouden een jaar lang het gezin ondersteunen in het werk. Dat kwam het geheel ten goede, omdat Anches niet alleen ouder was, maar ook bekend was bij de gemeente Balona. Voor de jonge voorganger was alles nieuw. Uiteindelijk bleef de familie Anches tot december 2012 bij hen. In die twee jaren moesten zij veel werk verzetten. De gemeente bestond toen zij er aankwamen uit vijf gezinnen van ongeveer 12 mensen. En zoals dat vaker gaat bij de wisseling van leiderschap, was niet eenieder blij met de nieuwe voorganger. Zij waren van oordeel dat er geen leider van buiten hun gemeente gekozen moest worden om de gemeente te leiden. Zoals we eerder zagen, keken sommigen nog steeds op naar de voorganger op Aruba. Om het probleem goed aan te pakken, kwam Anches met een voorstel. Op zijn advies kwam de voorganger uit Aruba naar Suriname en hij droeg alles over aan Aloina, ook de leiding van de stichting.

De gemeente had in die beginjaren geen uitgeschreven visie of plan. Daarom ging Aloina naar Macnack om te horen wat zijn visie was voor deze gemeente. "Hij zei mij: 'Mijn eerste advies is bidden, bidden, bidden en nogmaals bidden. Mijn tweede advies is bidden, bidden en nogmaals bidden. Mijn derde advies is ook bidden!'" De eerste drie jaar die volgden volgde hij gewoon de routine van de gemeente. Hij volgde het advies van Macnack op en begon God te zoeken in gebed om te weten wat zijn wil was; welke richting Hij wou gaan met de gemeente. Aan het einde van die driejarenperiode kreeg hij richtlijnen van de Heer en zette hij een paar dingen op papier. Er was een tienjarenplan opgesteld. Het plan zou lopen van 2013 tot 2023. Het zou in verschillende fasen uitgevoerd worden. In de eerste drie jaar (2013-2016) zou de gemeente verdubbeld moeten worden. Twee jaar daarna zou de gemeente een eigen ruimte moeten hebben. Aan het einde van die tien jaar zou "Kom tot Hem" een vormingscentrum worden.

Al in 2013 was het aantal gemeenteleden verdubbeld. Van de ruim 75 mensen die op papier geregistreerd waren, bezochten ruim 50 de wekelijkse samenkomsten. In november 2016 verhuisde de gemeente naar de Kokobiakoweg in Tammenga. Daar werd een voormalig winkelpand gehuurd. Die ruimte kon tussen de 100 en 150 mensen accommoderen. Er wordt nog gewerkt aan het aanschaffen van een eigen perceel.

Het Licht/Rema

De Amerikaanse zendeling Steve Groceclose begon in het midden van de jaren tachtig te evangeliseren in de omgeving van Kwatta, nabij de Weg naar Zee.[19] Door dit werk kwamen verschillende mensen tot geloof. "Door middel van prediking, bijbelstudie-ontmoetingen en bidstonden werden deze mensen wekelijks geholpen te groeien in hun geloof. De ontmoetingsplaats was het bovengedeelte van een winkel op de hoek van de Kwattaweg en de Salikweg."[20] De gelovigen brachten het evangelie aan anderen en zagen nieuwe mensen tot bekering komen. Hierdoor groeide het aantal gelovigen. De verantwoordelijkheid voor het werk werd verdeeld, doordat er meerdere leiders waren aangesteld.

Begin jaren 90 vertrok Gloseclose naar Amerika, waardoor de verantwoordelijkheid van het werk kwam te rusten op de nieuwe leiders. "De gemeente maakte in die jaren een moeilijke periode mee. Er waren heel wat strubbelingen rond het leiderschap."[21] In maart 1997 kreeg de gemeente hulp van de leiders van ECS. "In overleg met de toen fingerende leiders werd een van de leiders van ECS, Sherlock Tacoordeen, aangesteld als interim voorganger om de gemeente te helpen vanuit een nieuw perspectief te beginnen. In datzelfde jaar werd de gemeente lid van Evangelie Centrum Suriname."[22] De gemeente onderging een naamswijziging op 17 april 2000 en werd Stichting Volle Evangelie Gemeente Rema.

Gemeente *Saamaka Keiki*

Op 15 oktober 1989 begonnen Asoinda Haabo, Rudi Tiopo en George Eduards met de stichting *A Gadu di heepi fuu ta kumutu*. Onder deze stichting begon de gemeente *Saamaka Keiki,* ook bekend als Gemeente Wini. De *Saamaka Keiki* werd gesticht door de gemeente Tjalikondre. Asoinda, van de gemeente Tjalikondre, voelde zich geroepen om te werken onder de Saramaccaners in Paramaribo. Zijn visie was om in Paramaribo een sterke gemeente op te zetten, die het werk in het binnenland zou ondersteunen. De eerste diensten van de gemeente werden gehouden in een school aan de Drambrandesgracht. Van daaruit verhuisde de gemeente naar het gebouw van de Progressieve Werknemers Organisatie (PWO) aan de Limesgracht.

In 1992 verhuisde Modensi Saaki vanuit Futunaka naar Paramaribo om broeder Asoinda Haabo te ondersteunen in het werk van de Heer. Door enkele huiselijke omstandigheden van de voorganger werd de leiding van de gemeente overgedragen aan Modensi. Ondertussen werd er een perceel gekocht aan de Fefistonstraat te Ramgoelamweg. De gemeente maakte een start met de bouwwerkzaamheden aan hun eigen kerkgebouw. *Saamaka Keiki* bestaat momenteel uit ongeveer 230 leden.

De organisatie van de gemeente volgt het patroon van de andere ECS-kerken, een voorganger wordt ondersteund door oudsten, diakenen en werkers. De gemeente kent verschillende huiscelgroepen, die op verschillende plaatsen waar Saramaccaners wonen bijeenkomen, zoals Hanna's Lust, Bijlhoutweg, Sunny Point en Wit Boitie. Deze celgroepen behandelen steeds dezelfde bijbelstudie-onderwerpen, waardoor er sprake is van een uniformiteit. Het ligt in de bedoeling dat uit de huiscelgroepen gemeenten zullen ontstaan.

Naast het werk via de celgroepen worden om de ene maand evangelie-activiteiten uitgevoerd aan de Saramaccastraat.

Gods Huis

De gemeente Gods Huis kwam voort uit een splitsing die plaatsvond binnen de gemeente *The Open Door* in 2002. Nicodemus Abinie en Steven Grant, de oudsten in de gemeente, verlieten de gemeente met hun gezinnen. Het gevolg van hun beslissing was dat drie diakenen met hun gezinnen, enkele werkers, een groot deel van het praiseteam, en het overgrootste deel van de gemeente begin oktober weggingen bij *The Open Door*. Deze gelovigen begonnen onder leiding van de twee oudsten, en onder toezicht van een van de ECS-leiders, samenkomsten te houden in een schoollokaal in Beekhuizen. Gods Huis heeft momenteel gemeenten in Paramaribo, Para en Pokigron.

Gemeente Kom na Jezus

Op Menckedam ontstond in 2006 een nieuwe gemeente. De gemeente *Kom na Jezus* ontstond toen broeder Alfons Lioe A Joe in overleg met pastor Iwan Oron van Antiochië een bidgroep begon aan de Peronstraat in Menckedam. In mei 2006 werd de bidgroep omgezet in een plaatselijke gemeente. Deze gemeente, *Kom na Jezus,* werd door ECS erkend.

Conclusie

Het werk aan de kustvlakte bleef bespaard van de strijd die de gemeenten in het oosten en zuiden te verduren hadden. Echter hadden deze gemeenten hun eigen uitdagingen. Zij werden geconfronteerd met splitsingen of gemeenten die een eigen weg zijn gegaan. De redenen waarom deze zaken zich voordeden, ligt buiten de bedoeling van dit boek. Maar wat ook de aanleiding mocht zijn geweest, het is te hopen dat evenals het geval was bij Paulus, Markus en Barnabas de verschillende werkers van God toch nuttig mogen zijn voor elkaar in de dienst. In Handeling 15:37-40 lezen we:

> *Barnabas wilde ook Johannes Marcus meenemen, maar Paulus voelde daar niets voor, omdat hij hen in Pamfylië in de steek had gelaten en niet langer had deelgenomen aan hun zendingswerk. Een en ander leidde tot grote onenigheid, zodat ze uit elkaar gingen en Barnabas samen met Marcus naar Cyprus vertrok. Paulus koos Silas als reisgezel en vertrok eveneens, nadat de gelovigen hem aan de genade van de Heer hadden toevertrouwd.*

Vele jaren later, had Paulus het volgende te zeggen over Marcus:

Haal Marcus op en neem hem met je mee, want hij kan mij goede diensten bewijzen. (2 Tim 4:11b).

Moge de Heer in zijn genade en op zijn tijd ook harten van zijn knechten bij elkaar brengen, opdat zij elkaar goede diensten mogen bewijzen, tot eer van Zijn Naam!

---

[1] Donk e.a. 1995.
[2] Donk e.a. 1995.
[3] Zie Gregor 2012:67.
[4] Dit hoofdstuk is gebaseerd op de masterthesis van pastor Gregor (Gregor 2012).
[5] In latere jaren verliet *The Open Door* het netwerk van ECS en werd het een zelfstandige bediening.
[6] "Gemeente in Beeld", 2003.
[7] Donk, Filemon & Linger 1996:7.
[8] Donk, Filemon & Linger 1996:7.
[9] Joan Macnack, "Het ontstaan van de gemeente De Kandelaar", p. 3.
[10] Joan Macnack, "Het ontstaan van de gemeente De Kandelaar", p. 3.
[11] Joan Macnack, "Het ontstaan van de gemeente De Kandelaar", p. 3.
[12] Donk, Filemon & Linger 1996:8.
[13] Veltman 36.
[14] "Gemeente in Beeld", 2003.
[15] Joan Macnack, "Het ontstaan van de gemeente De Kandelaar", p. 7.
[16] Dit werk is niet meer verbonden met ECS.
[17] Di twerk is niet meer verbonden met ECS.
[18] Robby Aloina persoonlijke communicatie.
[19] Persoonlijk communicatie Dennis Redmount, jan. 2018.
[20] Persoonlijk communicatie Dennis Redmount, jan. 2018.
[21] Persoonlijk communicatie Dennis Redmount, jan. 2018.
[22] Persoonlijk communicatie Dennis Redmount, jan. 2018.

GEMEENTESTICHTING IN HET MIDDEN VAN HET LAND

Eagle Wings Ministries International

Het begin van werk van ECS in het district Para gaat terug naar het werk van zendelingen van Assemblies of God. Assemblies of God begon met een kleine gemeente in Billiton. Een van de zendelingen die daar had gewerkt was Steve Groseclose. Een van de mensen die daar tot geloof kwam was Karel Misman Kasanpawiro. Van 1974 tot 1975 bracht Kasanpawiro ongeveer anderhalf jaar door op de Bijbelschool.[1] Hij kon de opleiding niet afmaken, omdat zijn vriendin Patty ook naar de Bijbelschool kwam. "De ruimte waarin de Bijbelschool was ondergebracht was te klein. Een huis met een toilet en bad, waar zusters boven woonden en de broeders beneden. De leiders wilden geen risico nemen met koppels onder één dak." Na zijn anderhalf jaar op de zendelingenschool werd hij actief in de gemeente Assemblies of God. In die tijd ontstond er een breuk tussen Steve Gloseclose en Assemblies of God. Gloseclose ging zelfstandig verder, ondersteund door Kasanpawiro en andere gemeenteleden. Helaas verliet broeder Groseclose de nieuwe gemeente kort daarna en werd de leiding van de gemeente overgedragen aan John Slagtand. Zo kwam deze gemeente onder het werk van ECS. ECS mocht de goede vruchten plukken van het werk dat door anderen werd verricht (Joh. 4:38).

De kleine gemeente werd bemoedigd door een bijzonder werk van de Heer. Er was in de gemeente een zuster. "Ze was geopereerd aan haar darmen en zou voor een tweede maal geopereerd worden. Men vreesde dat zij het niet zou halen. Maar de Heer genas haar van darmkanker." Deze zuster woonde op Lelydorp en kwam naar de samenkomsten in Billiton. Haar genezing leidde niet alleen tot een opwekking onder de gelovigen, maar ook tot de bekering van haar familie. "En zo kwam de ene persoon na de ander tot bekering en vaak genoeg ook hun gezinnen en andere familieleden."

Omdat de meeste mensen die de diensten bezochten op Billiton op Lelydorp woonden, verhuisde de gemeente naar Lelydorp en opereerde de gemeente daar onder de naam Stichting Volle Evangelie Gemeente Lelydorp. De visie van de gemeente was om op verschillende plaatsen gemeenten te stichten.

Tijdens de officiële inwijding van het nieuwe kerkgebouw van de gemeente in april 2002 werd de naam van de gemeente veranderd in *Eagle Wings Ministries International*. Daarmee werd de visie van de gemeente tot uitdrukking gebracht. Zij wou zich niet meer binden aan een plaats, maar ook buiten haar omgeving en de wijde wereld in gaan. Deze wens ging ook in vervulling. Het echtpaar Moestafa en Lilien Brunings van de gemeente ging voor een jaar naar India waar zij als zendelingen werkten. Winston Tjong-Ayong startte een bediening in Duitsland. Voor de naamsverandering werden op verschillende plaatsen in Suriname gemeenten gesticht, onder andere in Dijkveld, Reeberg, Leiding en Domburg.

Alpha and Omega Ministries (Dijkveld Wanica)

De gemeente *Alpha and Omega Ministies* werd officieel opgericht op 18 oktober 1994.[2] Het werk begon echter veel eerder, nadat de Here een zekere Pariman had bevrijd van demonische machten. Dat gebeurde in de gemeente op Lelydorp, in 1984. Parimin verhuisde na zijn bekering naar Dijkveld. Onder leiding van Juriaan Soerowirjo, bijgestaan door Romeo Abdoella, werd een start gemaakt met bidstonden bij Parimin thuis. Soerowirjo kwam tijdens een campagne van de gemeente Stromen van Kracht in 1977/78 tot bekering en bezocht vanaf 1980 de gemeente in Lelydorp. Geleidelijk aan kwamen er mensen tot bekering op Dijkveld waardoor er ook daar een gemeente ontstond. Juriaan Soerowirjo werd de voorganger en Romeo Abdoella de jeugdleider. Toen Soerowirjo zich terugtrok, vanwege gezinsomstandigheden, werd Abdoella de voorganger van de gemeente. Vanaf 2010 werd Jerry Marsidi Mertodikromo belast met de leiding van de gemeente. Hij werd op 27 maart 2017 officieel ingezegend tot voorganger. De gemeente telt momenteel ruim 150 leden.

Reeberg

"De Heer legde een visie op mijn hart om een nieuwe gemeente te stichten."[3] Onder leiding van een van de oudsten van Lelydorp, broeder Maridjo Tirtopawiro, werd een start gemaakt met een bidstond aan de Javaweg. Vanuit Javaweg ging Tirtopawiro naar Reeberg, waar een huisgroep ontstond. De huisgroep groeide uit tot een gemeente, waarvan Orlando Saeroon de voorganger werd. Hij werd opgevolgd door broeder Hans van Brussel.

Gods Leiding (Wanica)

Het begin van de gemeente Gods Leiding vond plaats nadat gemeenteleden verhuisden naar Leiding. Orlando Torsoh en zijn vrouw Nira bouwden hun huis in Leiding. Zij verhuisden toen van het Gokoelproject naar hun nieuwe omgeving. Daar evangeliseerden zij voor de mensen om hen heen. Er kwamen verschillende mensen tot bekering. Deze nieuwe gelovigen gingen met het echtpaar mee naar de samenkomsten op Lelydorp. Door het evangelisatiewerk van broeder

Ngadimin, op zijn werkplaats in Copieweg, kwamen daar ook verschillende mensen tot bekering, waaronder een mevrouw die op Leiding woonde. Zij en haar man sloten zich aan bij de groep van broeder Torsoh. Omdat de groep groter werd, werd besloten om in Leiding samenkomsten te houden. Orlando Torsoh werd de voorganger van de gemeente.

Zebulon (Domburg, Wanica)

De Gemeente Stromen van Kracht hield diensten op Domburg. Maar eind jaren tachtig was het werk van de gemeente vrijwel doodgebloed. Zuster Toeminie Atmopawiro, die er nog was, vroeg na het heengaan van haar man aan Karel Kasanpawiro en zijn vrouw om bidstonden thuis bij haar te houden. Er werd toen een huis gehuurd waar diensten werden gehouden. De gemeente werd achtereenvolgens geleid door broeder Alisentono en broeder Chris Kromodimedjo.

In 1989 namen de Olivers het over van de Macnacks als directeur van de Bijbelschool.[4] Tot die tijd bezochten zij de Gemeente Jezus is Koning, Maretraite IV, waar Haroen "Robby" en Roma Orie leidinggaven. Na een maand of twee namen zij afscheid en sloten zij zich aan bij het werk op Domburg.

Roel en Ruth Burgrust waren daar toen bezig met een pionierswerk, als buitenpost van de gemeente Lelydorp. De Olivers gingen ernaar toe om het werk te ondersteunen. De diensten werden in die tijd gehouden in een schoollokaal aan de Winston Churchillweg. De bezoekers waren, naast de echtparen Olivers en Burgrust, voornamelijk tieners en jonge mensen. Roel kon de uitdagingen van de jeugd heel goed aan. In 1993 werden de Olivers, vanwege omstandigheden, met de leiding van de gemeente belast. De familie Denet en Lila Georges verhuisden naar Domburg en sloten zich aan bij het werk. Zij leverden een belangrijke bijdrage aan de ontwikkeling van het werk. Het werk verhuisde naar een schoollokaal van de Willem van Leer School aan de Vierde Zijstraat van Domburg. Dit werk, dat in een pioniersfase zat, werd nog niet gezien als een plaatselijke gemeente. Er waren nog geen oudsten en diakenen aangesteld. Tijdens elke bijeenkomst werd er gebeden dat God het werk zou zegenen met hele gezinnen die tot bekering zouden komen.

"En op een goede zondag kwamen drie of vier gezinnen! Het waren gezinnen waarmee wij nooit contact hadden gehad. Vanaf dat moment begon de gemeente te groeien."

Een andere merkwaardige gebeurtenis was de toevoeging van Antonius en Sonia Doest en hun kinderen. Antonius was een onderinspecteur van de politie die was overgeplaatst naar de politiepost Domburg. Zij gingen voorheen naar de gemeente Munder. De familie had een mooie stuk grond van de overheid gekregen aan de Eerste Zijstraat van Domburg, naast de polikliniek. Zij gaven een groot stuk grond van 20 bij 44 meter aan de gemeente. Op die locatie werd een start gemaakt met de bouw van een eigen kerkgebouw. In september 2015 hebben de leiders van ECS broeder Georges ingezegend als voorganger.

Jeshu Masieh

De gemeente Jeshu Masieh begon als een huisgroep onder leiding van Hardy Kartosonto. De groep groeide uit tot een gemeente waarvan Kartosonto de voorganger werd.

Relatie tussen de gemeenten

Door het ontstaan van de verschillende gemeenten werd het werk te zwaar voor Karel Kasanpawiro. "Om meer tijd te besteden aan de nieuwe gemeenten heb ik de leiding van de gemeente overgedragen aan mijn jongere broer, Kenneth Soekrisno Kasanpawiro, die ook door de Heer werd geroepen als voorganger." De band tussen de verschillende gemeenten werd versterkt. "Er is wel samenwerking en commitment tussen de collega-voorgangers, maar de *covering* gaat van mij uit. Eagle Wings heeft geen zeggenschap over de andere gemeenten. Als senior pastor bemoei ik mij slechts met het algemeen beleid van de gemeenten. De gemeenten zijn volledig zelfstandig met hun eigen bestuur. Ze hebben onderling geen enkele verplichting naar elkaar toe. De inzegening van oudsten geschiedt wel in overleg met mij en samen nemen wij een beslissing."

Ondertussen vormen de kerken die uit het werk van Eagle Wings Ministries zijn ontstaan een eigen bediening en vallen zij niet meer onder het leiderschap van ECS.

---

[1] *Interview met Apostel Karel Misman Kasanpawiro*
[2] Met dank aan broeder J. Mertodikromo.
[3] *Interview met Apostel Karel Misman Kasanpawiro.*
[4] Persoonlijke communicatie Chester Oliver.

Antiochië, Paranam

De gemeente Antiochië is gevestigd in Paranam in het district Para, en werd gesticht door Benny Macnack.[1]

Zoals eerder was aangegeven, verhuisde eind jaren zeventig een aantal van de gelovigen die op Billiton samenkwamen naar Lelydorp. Er bleef maar een kleine groep achter. De achtergebleven groep bestond in het midden van de jaren tachtig uit een paar zusters, de familie Macnack, en Lygia Lioe A Joe-Akkrum en Iwan Oron, een student van de Bijbelschool. Lygia Lioe A Joe was pas tot bekering gekomen en woonde op La Vigilantia. Er werden diensten gehouden in een gebouw van de Billiton Bauxiet Maatschappij. Omdat het gebouw werd gesloopt, werd de gemeente door de Billiton Maatschappij aangezegd om om te zien naar een andere locatie. De gelovigen werden toen opgevangen ten huize van Lioe A Joe-Akkrum, die woonde aan de La Vigilantia 212. In januari 1986 werd er een start gemaakt met diensten op de nieuwe locatie. Door Gods genade kwam Ricardo, de echtgenoot van Lydia, ook tot bekering.

Vermeldenswaard is dat het evangelisatiewerk op La Vigilantia eerder was begonnen. Omstreeks juli 1985 begon Gerda Kool, schoondochter van Jan Kool, een kinderclub op deze zelfde locatie. De club werd bij haar uitvallen wegens ziekte overgenomen door de Bijbelschoolstudenten.

Het werk op La Vigilantia werd op versneld tempo opgepakt. Met ondersteuning van de Bijbelschoolstudenten werd er huis-aan-huis geëvangeliseerd en werd er een campagne gehouden. Mede door deze activiteiten groeide het werk binnen 6 maanden naar tussen de 60 en 80 bezoekers. Vanwege drukke werkzaamheden moest Benny het werk overdragen aan Lyndel Williams, die voorganger was van de gemeente Ruben's Boys Ranch. Het werk viel toen onder de gemeente van Boys Ranch.

In 1989 werd de gemeente zelfstandig. Melvin Roye, die op Perica had gewerkt en Macnack ondersteunde bij de Bijbelschool, werd de nieuwe voorganger. Hij diende de gemeente maar heel kort. In 1990 werd Iwan Oron ingezegend als pastor van de gemeente. In 1985 ging Oron, op vijfentwintigjarige leeftijd, naar Hebron, waar hij gevormd werd voor de bediening. Zijn vrouw Cheryl volgde haar bijbelschoolopleiding in Guyana bij de *Hauraruni Bible School*. Zij trouwden in 1990.

De gemeente verhuisde in 1994 naar de Fajalobischool. Deze locatie lag centraler. In 1999 verhuisde de gemeente naar haar huidige locatie langs de rivier, Verlengde Laterietweg 206.

In 2002 werd de naam van de gemeente gewijzigd in Stichting Volle Evangelie gemeente Antiochië. De gemeente doet vanuit haar basis in Paranam op verschillende plaatsen pionierswerk.

Antiochië richtte zich heel sterk op de zending. Vanuit de gemeente gingen er verschillende jongeren naar de Bijbelschool. In de afgelopen twintig jaren werden er negen leden opgeleid. De eerste was Billy Amiena. Helaas werd hij vrij jong door de Heer thuisgehaald in juni 2001. De vijf broeders en twee zusters die na hem naar de Bijbelschool gingen, zijn allen nog actief betrokken in de zending.

Student	Jaar op de Bijbelschool
Billy Kees Amiena	1991-1993
John Amoida	1993-1996
Robby Baisie	1999-2001
Jerry Kamiso	2001-2003
Ronald Denkoi	2002-2004
Margo Amoida	2002-2004
Alisha Rahaman	2003-2005
Brian Baisie	2007-2010
Austen Wens	2016-

Antiochië, Victoria

Uit de zendingsactiviteiten van de gemeente Antiochië Paranam werd de dochtergemeente Antiochië Victoria gesticht.[2]

De familie Edmund en Carmen Zegenaar moest vanwege werk voor het toenmalige Oliepalmbedrijf Victoria verhuizen naar Victoria. De gemeente op Paranam voelde zich verantwoordelijk voor de geestelijk zorg van deze familie en bracht ze geregeld een bezoek. Er werden bij de familie thuis huisbidstonden en weekendretraites gehouden.

In april 1991 werd er een evangelisatiecampagne gehouden, waardoor er mensen tot bekering kwamen. Om de gelovigen verder op te vangen, was er behoefte aan een permanente werker in het gebied. De gemeente vond deze werkers in de familie Amiena. Billy Amiena zwaaide af van de Bijbelschool in 1993 en trouwde in 1994 met Ruth Plet. Het echtpaar ging in februari 1995 naar Victoria. Billy werkte als zendeling terwijl Ruth in het onderwijs zat. Zij woonden eerst op Raffiedorp, maar verhuisden daarna naar het bedrijfscomplex. De palmoliefabriek was nog in bedrijf en een paar honderden mensen waren daar werkzaam. Zij kwamen uit verschillende omliggende dorpen, zoals Dorp-Zuid, Raffiedorp, DMD en Asigron. De gemeente telde in die tijd ongeveer 40 tot 50 mensen, met hun gezinnen.

In 1996 rondde John Amoida de Bijbelschool af. Hij deed zijn verplichtte stage van zes maanden op Victoria. Het gezin Amiena keerde in augustus 1997 terug naar Paramaribo. Helaas werd Billy Amiena, nog vrij jong, op 20 juni 2001 thuisgehaald. John Amoida bleef na zijn stage op Victoria en leidde na het vertrek van Billy met ondersteuning van de gemeente Paranam het werk. Hij trouwde in 2004 met Susan Tacoordeen en werd in 2005 als voorganger ingezegend. De gemeente telt momenteel ongeveer 100 volwassenen en kinderen.

De gemeente op Victoria is betrokken bij zendingsactiviteiten in Marchallkreek en Klaaskreek. De buitenposten tellen elk ruim 50 volwassenen en kinderen samen.

Antiochië, Brokopondo Centrum

Antiochië Paranam heeft nog een dochtergemeente op Brokopondo Centrum. Deze gemeente is nog niet zelfstanding en staat onder toezicht van Iwan Oron. Op Brokopondo Centrum woonden de zusters Carla Adipi en Georgetine Akiemboto.[3] Zij kwamen op Tjalikondre bij de ECS-gemeente tot bekering. Deze zusters baden regelmatig met elkaar thuis bij Carla. In 1996 kwam Stando Antomoi, die op Victoria woonde, tot bekering. "Hij was verslaafd aan alcohol en leidde een losbandig leven. De kracht van Gods Geest veranderde hem radicaal. De verandering was duidelijk zichtbaar."

Volgens Antomoi kreeg hij een visioen van de Heer met het oog op Brokopondo. "Ik zag een licht, als een koplamp, dat zoekend rondging. Plotseling viel het licht op mijn gezicht en het wees naar de richting van Brokopondo. Er was een stem die zei: "Sta op en vlucht naar Brokopondo want de fabriek gaat ontploffen." Ik begon te rennen in de richting van Brokopondo. Toen het licht uitviel, was de weg verder helemaal schoon voor mij. Ik rende verder, maar werd wakker uit mijn droom. Het was toen zes uur in de ochtend." Antomoi zag dit als een aanwijzing van de Heer dat hij en zijn vrouw moesten verhuizen naar Brokopondo. Hij ging voorheen dagelijks op de fiets naar Brokopondo waar hij lesgaf op de Muloschool. Antomoi werd in zijn visie ondersteund door de broeders van Victoria.

In december 1996 verhuisde de familie Antomoi naar Brokopondo. De groep begon in maart 1997 met ondersteuning vanuit Victoria en Paranam evangelisatie-activiteiten huis-aan-huis. In juli 1997 kwam ook Jacintha, de vrouw van Antomoi, tot bekering. De gemeente die voortgekomen is uit deze evangelisatie-activiteiten staat onder leiding van Stando Antomoi en zijn echtgenote Jacintha. De diensten werden oorspronkelijk thuis bij Carla Adipi gehouden. Vervolgens verhuisde de gemeente toen de groep groter werd naar een van de lokalen van de openbare lagere school. Antomoi werd in 1999 door Benny Macnack ingezegend tot oudste. Later verhuisden de diensten naar een lokaal van de Openbare Mulo School op Centrum Brokopondo.

Na verschillende aanvragen voor een stuk grond en afwijzingen, kreeg de gemeente een bereidverklaring op 5 april 2016. Eerder, op 16 december 2014, werd de eerstesteenlegging voor een eigen gebouw gedaan door Antomoi en Chester Oliver.

De gemeente op Centrum Brokopondo begon klein, met het gezin van Antomoi, de twee biddende zusters en de kinderen van twee families, Seedo en Jabini. Hoewel de ouders zelf nog niet de keuze hadden gemaakt gaven zij de nieuwe gemeente alle ondersteuning. Vanwege haar ligging zag de gemeente mensen komen en gaan. Leerkrachten, verpleegkundigen en politieagenten wonen en werken op Brokopondo voor een tijd en moeten daarna vertrekken naar hun volgende post. De gemeente is ondertussen gegroeid tot ongeveer 50 mensen, waaronder 20 volwassenen en 10 jeugdigen, de rest van de gemeente bestaat uit kinderen.

Naast evangelisatie op Centrum Brokopondo is de gemeente ook actief bezig met zendingsactiviteiten in andere dorpen. In 2009 werd er een start gemaakt met activiteiten op Afobaka en in 2011 op Moengekreek/Lombe. Als gevolg van het zendingswerk op deze twee plaatsen zijn er huisgroepen ontstaan. De huisgroep op Afobaka telt 8 volwassenen, 7 jeugdigen en 15 kinderen. De groep van Moengekreek/Lombe bestaat uit 4 volwassenen en 5 kinderen.

De gemeente deed ook zendingswerk op Boslanti, maar is gestopt met die activiteiten.

Gemeente De Bron

Theo Koeman ging 1988 naar de Bijbelschool.[4] Hij rondde zijn studie af in 1991. Tijdens het tweede jaar van zijn studie begon hij te pionieren met een werk op het Le Resource "Derby Project" aan de Martin Luther King Highway. Uit dit werk ontstond een kleine gemeente die hij ongeveer anderhalf jaar mocht leiden. De samenkomsten werden aan huis gehouden bij de familie Newland.[5] Hij hield ook samenkomsten thuis bij de familie Filemon.[6] Nadat Koeman vertrokken was naar het Boven-Marowijne gebied was er, gedurende een periode van zes tot acht maanden, een onderbreking van de samenkomsten. Door tussenkomst van Glenn Newland, via Ronald Brandon, werd de aandacht van het ECS gevraagd voor de situatie.

Op voorstel van Lindel Williams werd Melvin Roye de nieuwe voorganger van de gemeente. De familie Roye verhuisde naar het La Resource project en hield op dezelfde plaatsen als voorheen samenkomsten. In 1996 verhuisde de familie Filemon naar Amerika. De gelovigen kwamen toen samen bij Sam en Lenie Josafath aan huis. De diensten werden bij hen aan huis gehouden, totdat op 26 oktober 2000 de eerste dienst werd gehouden in Engedi. Op Engedi droeg Roye het roer over aan een team van ouderlingen en werkers onder leiding van Sam Josafath. Josafath gaf tot en met oktober 2016 leiding aan de gemeente. De huidige voorganger is John Amoida, die tevens directeur is van Engedie.

Vermeldenswaard is dat gemeente de Bron twee bijbelschoolstudenten heeft afgeleverd, namelijk Gaylord Roye, de zoon van de vroegere voorganger, en Daniele Powel, gehuwd Kamiso. Gaylord geeft thans leiding aan een eigen bediening. Danielle maakt thans deel uit van de leiding in de gemeente. De gemeente telt momenteel ongeveer 75 leden.

Op het terrein van Hebron is sinds 2012 het meisjesinternaat De Bron gevestigd, waar John en Susan Amoida leiding aan geven. Momenteel worden er 20 meisjes opgevangen.

Gemeente Otniël

Louis Rustenberg, die de gemeente Bribi bezocht, begon vanaf 1993 samen te komen met enkele gelovigen in een klaslokaal van de Openbare School Maretraite. In 1994 richtte hij de gemeente Otniël op. De gemeente trad toe tot het netwerk van ECS en viel onder haar leiding. Van 1995 tot 1999 hield de gemeente samenkomsten aan huis, aan de Aliredjoweg (Welgedacht A). Vanaf 1999 werden de diensten gehouden aan de Santakumarieweg in dezelfde omgeving. Voordat Rustenberg naar Nederland vertrok, werd Patrick Neral ingezegend tot voorganger. De voorganger van de gemeente werd bijgestaan door een team van ouderlingen en diakenen. "De gemeente heeft sedert vorig jaar oktober vijf leden op verschillende Bijbelscholen. Twee op Apollos Training Instituut, een op de Zendelingenschool Hebron en twee anderen op de Bijbelschool Berea."[7] Naast de vorming van kader, werd er ook aandacht besteed aan de geestelijke groei van de leden. De gemeente hield bijbelstudies op vijf verschillende plaatsen. De gemeente bestaat momenteel uit 150 gelovigen. Dit zijn vooral jongeren en kinderen.

———————————

[1] Zie *Het Ontstaan van de Gemeente Antiochië te Paranam*. Deze informatie werd aangevuld met persoonlijke informatie van Iwan Oron.
[2] Persoonlijke communicatie Iwan Oron en zr. Ruth Marcus-Plet.
[3] Persoonlijke communicatie Iwan Oron en Stando Antomoi.
[4] Persoonlijke communicatie Theo Koeman.
[5] Glenn Newland was lid van de gemeente Gods Bazuin. Hij is thans de voorganger van gemeente De Roep van de Bruidegom.
[6] Denise Filemon was lid van de gemeente Stromen van Kracht
[7] "Pinkstergemeente Otniël"

4. OVERIGEN

"Maar jij moet verkondigen wat overeenkomt met de heilzame leer. Oudere mannen moeten sober, waardig en bezonnen zijn, en gezond in het geloof, de liefde en de volharding. Ook oudere vrouwen moeten zich ingetogen gedragen, ze mogen niet kwaadspreken of verslaafd zijn aan wijn. Ze moeten goede raad weten te geven, en de jonge vrouwen voorhouden dat ze hun man en kinderen moeten liefhebben, dat ze ingetogen, kuis, zorgzaam in het huishouden en vriendelijk moeten zijn, en dat ze het gezag van hun man moeten erkennen. Dan wordt het woord van God in ere gehouden. Roep ook jonge mannen op in alles ingetogen te zijn."

(Titus 2:1-6)

OVERIGE BEDIENINGEN

Conferenties en kampen

Naast de Bijbelschool hield ECS verschillende bijeenkomsten om de gelovigen toe te rusten. De leiders begonnen al in 1969 met een kleine conferentie in Slootwijk. In de eerste jaren werden deze conferenties niet drukbezocht omdat er nog niet veel contact was met andere gelovigen. Het werk van ECS was toen in de beginfase.

Een activiteit die in de loop der jaren gelovigen van verschillende plaatsen bij elkaar bracht, was het jaarlijkse kamp. Het eerste grote kamp werd op Wedankondre gehouden. "Het gebouw daar was al in gebruik. Er waren jongemannen uit het binnenland die daar woonden onder leiding van Sephestine. Er kwamen deelnemers uit de stad, uit de gemeenten waar Kool en Cooper contact mee hadden. Er kwamen ook gelovigen uit het binnenland. Een grote tent werd opgezet, waarin de samenkomsten werden gehouden. Overal waar men maar kon slapen in de gebouwen werd gebruikt als slaapplaats tijdens dit kamp."

De jaarlijks terugkerende conferentie en in het bijzonder het kamp waren belangrijke ontmoetingsplaatsen voor gelovigen uit de verschillende gebieden waar evangelisatie-activiteiten plaatsvonden. Zo wisten de gelovigen uit verschillende gemeenten zich op de een of andere manier verbonden met elkaar en met het werk. Hierdoor werden de kampen steeds drukker bezocht. Vanwege het steeds groter wordende aantal, moest er elke keer weer worden omgezien naar een grotere locatie. De grote tent werd overal opgezet voor de samenkomsten. "Men sjouwde met eigen matras of ander slaapgerei, dus konden er ook scholen gebruikt worden. Er werd gebruikgemaakt van de openbare school in Zanderij, de barakken van de padvinders in Zanderij, de openbare school in Paranam, het kinderhuis Koesikwarano in Lust en Rust en de Ruben's Boys Ranch ten tijde van de toenmalige eigenaar Albert van Els." [1] Het grootste aantal bezoekers en deelnemers aan het kamp was 800. Dat jaar werd er een beroep gedaan op het leger om te helpen met het koken van rijst voor zo'n grote groep.

Deze activiteiten waren zeer gezegend en de gelovigen ervoeren de tegenwoordigheid van de Heer op een bijzondere wijze. Mensen werden aangeraakt, de gaven van de Geest waren duidelijk werkzaam, vooral in profetie en openbaring, en er lag een sterke nadruk op zending. Gelovigen keerden geestelijk gesterkt en opgebouwd terug naar hun respectieve gemeenten. Na enkele jaren droegen de leiders het organiseren van het kamp over aan Johnny Slagtand en Benny Macnack.

Evenals de Bijbelschool heeft het kamp 'gezworven' totdat de Heer in 1998 de gemeente een eigen plaats gaf, Ruben's Boys Ranch. Het kreeg de naam Engedi.

Nu worden er in ECS-verband naast het gebruikte gezinskamp ook andere kampen georganiseerd. Voor de jeugd organiseert YES een kamp en Vrouwen voor Gods Glorie organiseert een kamp voor vrouwen. Deze kampen worden zeer drukbezocht. Tijdens het gezinskamp wordt er aandacht besteed aan de kinderen.

Paulus Anakéschool

Het bezoek van Cooper en anderen, eind jaren zestig, aan het Boven-Suriname gebied had gevolgen voor het dorp Futunakaba. De gelovigen die zich hadden aangesloten bij ECS en die van de EBGS stonden lijnrecht tegenover elkaar. In die situatie werd er niet altijd wijs gehandeld. Een van de maatregelen die door de EBG'ers in het dichtbijgelegen dorp Botopasi werd genomen was nadelig voor de kinderen van Futuna. De "ECS-kinderen" van Futunakaba mochten de EBG-school op Botopasi niet meer bezoeken.

Om de kinderen enigszins op te vangen werd een deel van hen overgebracht naar het centrum van ECS in Slootwijk en Koesikwarano. Op die manier konden ze een school in de omgeving bezoeken. Vanwege gebrek aan ruimte moest een aantal kinderen achterblijven in het dorp.

In 1971 gingen twee zusters van de Bijbelschool onder leiding van James en Linda Cooper naar Futunakaba. De zusters hadden hun training nog niet afgemaakt, maar onderbraken die vanwege de situatie die er was ontstaan. Een van hen, Gladys Goedhart, werkte met de vrouwen. De andere, Joan Mangroe (later Macnack), die van huis uit leerkracht was, nam het onderwijs van de kinderen ter hand. Deze gebeurtenis was voor Joan Mangroe bijzonder. Want eerder kreeg zij op Slootwijk van een zekere broeder Praam een profetie. "Wat zo bijzonder was, in het visioen zag hij mij ergens aankomen in een bootje. Er stonden kinderen aan de oever van de rivier en die kinderen riepen geen 'zuster, zuster.' Ze riepen 'juf, juf.' Later, toen ik op Futuna was, kon ik dit heel goed plaatsen." Dit begin vormde de basis voor een eigen lagere school.

Jan Kool en Pudsey Meye van Gods Bazuin zetten zich in om deze eerste school van het volle evangelie erkend te krijgen door de overheid. Nadat de goedkeuring verkregen was, werd op 12 november 1984 de Paulus Anakéschool te Futunakaba officieel geopend met 34 leerlingen.

In het eerste schoolbestuur hadden behalve Benny Macnack, broeders en zusters van zowel ECS als Gods Bazuin zitting. De leerkrachten waren Erwin Linga en Rita Saaki- Zaalman. Zij waren allen verantwoordelijk voor drie klassen die in het kerkgebouw werden ondergebracht. Ondertussen werd er gewerkt aan een schoolgebouw. De school moest tijdens de binnenlandse oorlog voor twee jaar (1987 en 1988) sluiten, maar ging in januari 1989 weer open. Vanaf het schooljaar 1992/1993 kreeg de school subsidie van de overheid. Andere leerkrachten die de school dienden tot 2004 waren Joyce Andose, Philly Freedrik, J. Eduards-Petrusi, Jennifer Plet, Walter en Morea Emmanuelson-Verwey en Sandra Saoet.

Youth Evangelizing Suriname (YES)

Op 2 januari 1988 richtten Elsworth Williams en Benny Macnack de *Youth Evangelizing Suriname* (Y.E.S.) op. Macnack had een visie om jongeren te bereiken. Vanuit het toenmalige leidersteam werd Williams belast met dit werk. Williams werd gekozen omdat hij veel werkte met jongeren en het vertrouwen genoot van hen. Jongeren konden gemakkelijk hun hart bij hem luchten.

Het doel van YES was viervoudig. In de eerste plaats moest de eenheid onder de jongeren van ECS worden bevorderd. Ten tweede moesten jongeren bewustgemaakt worden van hun eigen christenidentiteit. Dit zou gedaan worden door middel van evangelisatie, dans, zang en een jaarlijks terugkerend kamp. Ten derde moesten jeugdwerkers en overige werkers binnen de organisatie worden getraind. Tenslotte zou er samen worden gewerkt met andere christelijke jeugdorganisaties. Deze christelijke organisaties zouden worden uitgenodigd voor YES-activiteiten en er zou ook uitwisseling van bedieningen plaatsvinden.

De eerste activiteit van YES was een motivatiedag die gehouden werd in het gebouw van Chung Fa Foei Kong aan de Keizerstraat. Na het vertrek van Williams in september 1988, werd Robby Dragman de nieuwe voorzitter.

Het team van YES in 1988	
Roel Burgrust	Marlon Mac Bean
Robby Dragman	Iwan Oron
Paulus Kromodimedjo	Winston Tjong-Ayong

Na Dragman diende Steve Spoon, de schoonzoon van Oliver, als voorzitter. Ook hij leverde een belangrijke bijdrage aan het jeugdgebeuren van ECS. In 1999 trad er een nieuw bestuur aan, bestaande uit een paar jongemannen vanuit de ECS, onder voorzitterschap van Robby Aloewel.

YES-bestuur vanaf 1999	
Robby Aloewel.	Dennis Redmont
John Amoida	Johnny Soerowirjo
Jerry Mertowidjojo	Jurmen van Ommeren
Carlo Pojoto	

Naast het kamp organiseerde YES verschillende activiteiten zoals concerten en lofprijsdiensten. Er werd ook een wandelmars georganiseerd in Lelydorp. Bij de viering van het 25-jarig bestaan van ECS trad een YES-toneelgroep op.

Het jaarlijks terugkerende kamp werd drukbezocht, evenals de sportdagen en de *"Back to School"* bijeenkomsten. Tijdens de *Back to School* bijeenkomst werden de jongeren gestimuleerd om hun studie aan het begin van het jaar serieus aan te pakken en om het christen-zijn op een waardige manier uit te dragen. Jongeren krijgen tegenwoordig ook voorlichting met betrekking tot de negatieve invloeden in de Surinaamse samenleving.

YES verzorgde ook jeugdleiderstrainingen voor leiders binnen de plaatselijke gemeenten, waardoor het jeugdwerk op een gestructureerde manier kon worden aangepakt.

YES had de volgende *"team-song"* die werd geschreven door Paulus Kromodimedjo:

1. God has chosen us here in Surinam
    This generation we will serve
    We are claiming the victory
    To win the youth for Christ

2. No religion or any system
    Can bring solution in our land
    Only if we trust in Jesus
    His Kingdom is to come

3. The Lord is moving over our land
    And calling men to follow
    Because "no" means lost forever
    There's one decision left

Refrein:
Yes! Yes, for Jesus!
There's no other way or name
Yes! Yes, for Jesus
He's still the Answer for today

Van vrouwenbijeenkomst naar Vrouwen voor Gods glorie

In de jaren 80 begonnen, onder leiding van Linda Cooper en Barbara Monroe, de zusters in ECS samen te komen in speciale bijeenkomsten. Deze samenkomsten waren beperkt tot zusters die als werkers werden beschouwd of die voltijds in het zendingswerk bezig waren. Zij kwamen geregeld samen en bleven dan een hele dag bij elkaar. Na enige tijd werden deze samenkomsten georganiseerd door een team van zusters.

Tijdens deze ontmoetingsdagen waren de zusters in de stad bezig en soms trokken zij er ook op uit buiten de stad. "Ik kan me nog levendig herinneren dat we in de oude Isuzu pick-up truck met een groene bak, met zuster Barbara aan het stuur, trokken naar Nickerie, Commewijne en Saramacca. We oogstten natuurlijk veel bekijks."[2] Doordat verschillende teamleden wegvielen werden de activiteiten gestopt.

"In 1991 kwam ik in contact met de oprichters van "*Women with a Call*", een bediening onder vrouwen in Amerika. In 1992 introduceerde ik deze bediening in Suriname. Een team bestaande uit voorgangersvrouwen en leidsters uit verschillende gemeenten leidden samen dit werk in Suriname. Er waren nationaal elke maand samenkomsten die heel goed werden bezocht. Daarnaast kwamen de leidersvrouwen frequent samen. Het resultaat van deze bijeenkomsten was dat veel voorgangersvrouwen in hun gemeente een eigen vrouwenwerk startten."[3]

In 1998 werd opnieuw duidelijk dat er in ECS-verband een vrouwenbediening moest zijn. Zowel de vrouwen in bediening als de vrouwen in de gemeente moesten bij dit werk betrokken worden. Deze bediening zou de vrouwen moeten opbouwen, bemoedigen en helpen in specifieke vrouwenaangelegenheden, het houden van seminars, retraites, conferenties en kampen. De vrouwen in bediening zouden samen moeten werken en zo dichter bij elkaar moeten komen om dan de vrouwen uit de gemeenten bijeen te brengen. In mei 2000 ging dit werk van start en op 21 oktober 2000 werd, in een bijzondere eendaagse vrouwenconferentie, de vrouwenbediening van ECS 'Vrouwen voor Gods Glorie' geproclameerd.

De zusters die leidinggaven aan het werk waren:	
Ilma Baasaron	Joan Macnack
Sonja Boekstaaf	Olivia Rustenberg
Lilien Brunings	Margo Saling
Patricia Kasanpawiro	

De leiders van ECS baden onder handoplegging voor deze leidsters.

'Vrouwen voor Gods Glorie' hield over het hele land haar activiteiten. "In de stad, districten, zelfs het binnenland kwamen er bij zulke gelegenheden vrouwen uit de verschillende gemeenten bijeen. We hadden dan heel fijne, bemoedigende en gezegende tijden met elkaar. Heel vaak hadden we dan ook met de leidsters van de verschillende gemeenten een speciale ontmoeting. In de afgelopen jaren mochten we enkele leidsters- en voorbederetraites en ook eendaagse conferenties organiseren. Het hoogtepunt van het jaar 2003 was onze boottocht, een heel geslaagde evangelisatieactiviteit, waaraan een enthousiaste groep van honderden vrouwen deelnam."[4]

Engedi

De Ruben's Boys Ranch was gelegen aan de Martin Luther Kingweg Km. 22 in het district Para. Sinds 1981 was de Bijbelschool aan de overkant van de ranch gevestigd. Destijds bood de ranch aan zeker 60 jongens onderdak en de mogelijkheid om een vak bij te leren. Er waren een goed draaiende supermarkt, een grote zaak met huishoudelijk apparatuur, en een goede brood-en banketbakkerij gevestigd. Helaas ging alles, vanwege ziekte van de directeur-eigenaar Albert van Els, achteruit. Na verloop van tijd lag alles stil en de plaats werd verwaarloosd. De ranch moest vanwege het niet nakomen van financiële verplichtingen worden geveild. Cooper wist in gesprek met de bank het voor elkaar te krijgen dat ECS de plaats kon kopen in 1998. ECS hernoemde de ranch en noemde deze 'Engedi', naar aanleiding van een tekst in 2 Kron. 20:2.[5]

Nadat de plaats was overgekocht, werd er begonnen met de herstelwerkzaamheden. Er zou namelijk in november 1999 een grote internationale conferentie worden gehouden in Suriname. ECS zou de 300 gasten vanuit veel landen op Engedi opvangen tijdens de conferentie. Een team van bijbelschoolstudenten uit Guyana en hun leider werkten met man en macht, en kregen alles op tijd klaar voor de conferentie.

Lyndel Williams had de algehele leiding als directeur van de ranch. Het oorspronkelijke doel van de ranch was om drop-outs op te vangen en hen een vak bij te brengen, zodat ze een plek in de maatschappij zouden kunnen innemen.

Dit doel kwam onder leiding van ECS niet echt tot haar recht. Er was wel vanaf 2000 een goed draaiend internaat, dat veel jongeren uit stad, district en binnenland accommodeerde. Deze jongeren kregen op deze manier de gelegenheid om hun verdere schoolopleiding te volgen. Lyndel en zijn vrouw Kala waren vanwege hun jarenlange ervaring als ranchwerkers in Ghana de "Ranchouders" tot hun vertrek naar de V.S.A. in 2004.

In 2004 werd de taak van ranchouders overgenomen door het echtpaar Emanuelson-Verwey en werd Stuart Wongobe directeur.

De overige gebouwen op Engedi, die niet voor jongerenopvang worden gebruikt, worden verhuurd voor het houden van kampen, conferenties, seminars en trainingen. Veel organisaties en gemeenten maken gebruik van deze mogelijkheden in het "Sociaal-educatie en conferentiecentrum Engedi", zoals de plaats officieel heet.

Federatie van volle evangelie kerken

Op 8 december 1973 werd bij notariële akte "de Federatie van Volle Evangelie Gemeenten in Suriname" opgericht door de broeders Gerrit Gerritse (Stromen van Kracht), Pudsey Meye (Gods Bazuin) en Herman Uyleman (Pinksterzending). In het eerste bestuur namen naast de drie oprichters ook nog de volgende twee personen zitting: Wouter van den Bor (Stromen van Kracht) en James Cooper (Evangelie Centrum Suriname).

---

[1] Joan Macnack, persoonlijke communicatie.
[2] Joan Macnack, persoonlijke communicatie.
[3] Joan Macnack, persoonlijke communicatie.
[4] Joan Macnack, persoonlijke communicatie.
[5] Engedi betekent: "Oase van warm Waterbronnen" en "Bron van het Kind."

Aanhangsels

1. Geloofsbelijdenis

Wij geloven in:

1. De goddelijke inspiratie van de Bijbel (2 Tim. 3:16; 2 Pet. 1:21)
2. De goddelijke Drie-eenheid van God de Vader, God de Zoon en God de Heilige Geest (Mat. 3:16; Joh. 14:16)
3. De maagdelijke geboorte van Jezus (Mat. 1:18-23; Jes. 7:14). Dit verklaart:

   Zijn goddelijke kracht (Jes. 61:1; Hand. 10:38)

   Zijn goddelijke reinheid (2 Cor. 5:21; 1 Petr. 2:22)

   Zijn goddelijk wezen (Mat. 1:23)
4. De dood van Jezus

   Voor onze zonden (1 Cor. 15:3)

   Voor verzoening met God (Rom. 5:10)

   Opdat wij met Hem zouden leven (Joh. 14:3; 1 Thes. 5:10)

   Om Heer te zijn over alles (Rom. 14:9)
5. De lichamelijke opstanding van Jezus

   Betast mij en ziet (Luk 24:36 – 40; Joh. 20:20, 27)

   Getuigenis van de apostelen (Hand. 4:33)

   Belofte van wederkomst (Hand. 1:11)
6. Het belijden en nalaten van zonden (Jes. 55:7; Mat. 4:17)
7. Redding en rechtvaardiging als Gods reactie op het belijden van zonden, waarbij onze zonden ons niet meer worden toegerekend (Rom. 5:1; 2 Cor. 5:17)
8. Heiliging als Gods genadewerk in ons na onze redding (Joh. 17:15 – 20; Hebr. 13:12)
9. De doop met de Heilige Geest als bekleden met kracht van omhoog op een rein en geheiligd leven met als bewijs het spreken in tongen zoals de Geest bepaalt (Joh. 14:16, 17 en 26; Hand. 1:5 – 8; Hand. 2:1- 4; 1 Cor. 14)
10. Goddelijke genezing door de kruisdood van Jezus (Jak. 5:14-16; 1 Petr.

113

2:24; Jes. 53:5; Ps. 103:3; Ps. 107:20)

11. Een letterlijke en zichtbare wederkomst van Jezus (Hand. 1:9-11). Dit houdt twee gebeurtenissen in:

    De opname van de wachtende bruid (Mat. 24:40 – 44; 1 Thes. 4:15 - 17)

    Het oordeel over de goddelozen (2 Thes. 1:7-10; Jud. :14)

12. Het oordeel van de grote witte troon als laatste oordeel voor de gestorven goddelozen (Openb. 20:11-15)

13. Een nieuwe hemel en een nieuwe aarde (2 Petr. 3:12-13; Openb. 21:1)

14. Een eeuwige hemel en een eeuwige hel als plaats van uiteindelijk bestemming (Mat. 25:41-46; Luk. 16:22-28)

15. De waterdoop in de naam van de Vader, de Zoon en de Heilige Geest (Mat. 3:16; Mat. 28:19)

16. Het avondmaal als een institutie ingesteld door Jezus om Zijn dood te herdenken tot Zijn wederkomst (Mat. 26:26-29; 1 Cor. 11:23, 26).

2. VISIEDOCUMENT ECS

Algemeen

De algemene visie van ECS bestaat uit het volgende:

- Evangeliseren van Suriname;
- Pionieren en stichten van gemeenten in alle gebieden van Suriname;
- Training van zendelingen;
- Uitzending van zendelingen naar andere landen;
- Bevorderen van *"community life"* in de gemeenten;
- *"Covering"* en leidinggeven aan de gemeenten;
- Oog hebben voor het bevorderen van het welzijn van de werkers.

De plaatselijke gemeente

De visie van ECS ten aanzien van de plaatselijke gemeente is als volgt:

- Plaatselijke gemeenten zijn autonoom (zelfbesturend);
- Er is sprake van een relatie tussen de leiders en werkers van de plaatselijke gemeenten en het ECS-leidersteam: enerzijds onderwerpen de

leiders/werkers van de plaatselijke gemeenten zich vrijwillig aan het ECS-leidersteam, anderzijds committeert het ECS-leidersteam zich vrijwillig tegenover de plaatselijke leiders/werkers (ze geven zich vrijwillig en ten volle aan hen over);

- Collectief leiderschap binnen de plaatselijke gemeente;
- Vermenigvuldiging van de plaatselijke gemeenten middels evangelisatie (stichten van buitenposten (*outreaches*) en andere plaatselijke gemeenten);
- De plaatselijke gemeenten zijn zelfvoorzienend;
- In de plaatselijke gemeenten is er sprake van *"community life"*, hetgeen onder meer inhoudt: eerbetoon en onderdanigheid ten opzichte van elkaar, ondersteuning van elkaar in geestelijke en materiele noden, het dragen van elkanders lasten enz.,
- *Body ministry*;
- Levendige aanbidding en prediking;
- Goede pastorale zorg.

Eigen identiteit

Wat ECS in het begin van haar bestaan onderscheidde van andere christelijke denominaties en organisaties in Suriname waren de volgende punten:

- Erkenning van de vijfvoudige bediening;
- Apostolische gemeentestructuur;
- Verbondsrelaties tussen leiders en werkers (wederzijds commitment),
- Promoten van de negen gaven des Geestes;
- Radicaal geloof;
- Integraal Bijbels onderwijs (onderrichten van de gehele raad Gods);
- Het bezigen van Sranantongo in de samenkomsten;
- Organiseren van kampen en seminars;
- Visie voor de districten en het binnenland.

Doel regionale indeling ECS-gemeenten

De indeling van de ECS-gemeenten in regio's had ten doel:

- Bevordering van de functionering in teamverband;

- Uitwisseling (samenbundeling) van bedieningen en geestesgaven ten behoeve van de opbouw (versterking) van elkaars gemeenten en de gezamenlijke ontwikkeling van de regio;
- Bevordering van de onderlinge samenwerking, ook op andere gebieden van het werk (bijv. onderricht);
- Overdracht van de ECS-visie aan gemeenteleiders/werkers en overige gelovigen;
- Ontwikkeling van leiderschap binnen de gemeenten en op regionaal niveau, waardoor het werk sneller kan groeien;
- Onderlinge ondersteuning (dragen van elkaars lasten)

Uit het doel voorvloeiende activiteiten voor de regio zijn:

- Regelmatig samenkomen (pastors, oudsten en werkers) voor:
  o Gebed voor het werk en de noden van de regio;
  o Onderling overleg;
  o Fellowship
- Onderzoeken wat de behoeften van de regio zijn;
- Nagaan hoe de regio voor Christus gewonnen kan worden (waar kan op korte of lange termijn een gemeente gesticht worden? En hoe?
- Opstellen van jaarplannen met daaraan gekoppelde activiteitenroosters (w.o. minstens 1 conferentie en 1 seminaar per jaar);
- Evalueren en bijstellen van plannen, enz. enz.

3. TIJDSLIJN

Jun 1952	*Jan Kool kwam als baptistenzendeling naar Suriname*
1956/57	Jan Kool ging met verlof naar Nederland en trouwde met Corrie Wijngaarden. Het echtpaar keerde samen terug naar Suriname
1965	Jan Kool verliet de baptistengemeente en sloot zich aan bij de pinksterbeweging
Jan 1966	James en Linda Cooper vertrokken vanuit de VSA naar Jamaica als voorbereiding op hun zendingswerk. Zij bleven er tot juni 1967
Maart 1967	Kitty Uyleman-Gompert woonde een conferentie bij in Tulsa (VSA) waar gebeden werd voor James en Linda Cooper
Jun 1967	Twee broeders van Tulsa bezochten Philip Mohabir in Guyana en reisden vervolgens samen naar Suriname
1967	Kool bezocht Philip Mohabir in Guyana
5 dec. 1967	James en Linda Cooper (VSA), Franklyn en Pat Sephestine (Jamaica) arriveerden in Suriname. James en Linda maakten een tussenstop in Jamaica en Guyana.
1968	Begin van het werk in Wedankondre
Jan 1968	Kool ging met verlof naar Nederland
19 sept 1968	Officiële oprichting van de stichting "Evangelie Centrum Suriname". Het eerste bestuur: James en Linda Cooper, Jan en Corrie Kool
Okt 1968	Linda Cooper en Corrie Kool begonnen met kindersamenkomsten in Commewijne
1969	Harry Outar, Kedlall en Joyce Jhugdeo uit Guyana arriveren
1 jan 1969	Opening van het trainingscentrum Slootwijk
Feb. 1969	1ste zendingsreis naar Boven-Suriname
3 maart 1969	Aankomst eerste studenten op de Bijbelschool: Benny Macnack, broer Henry Macnack en Gladys Goedhart
Juli 1969	2de zendingsreis naar Boven-Suriname
Aug 1969	Eerste tentkamp in Wedan
Okt 1969	Eustace "Bonny" Vassell en Lyndel Williams uit Jamaica arriveerden in Suriname
Aug 1970	Gelovigen uit Futuna werden gedoopt; het eerste kamp in Wedankondre
Sept 1970	Campagne in Wageningen; Benny Macnack ging daarna naar Wageningen om daar een gemeente te leiden
22 dec 1970	Chester en Maureen Oliver uit de VSA arriveerden in Suriname
1971	Sephestine vertrok uit Suriname
1971	Begin van de gemeente Munder
??	Begin van de gemeente Billiton, onder Assemblies of God; werd gemeente *Lelydorp* en later Eagle Wings

1973	Jan Kool vertrok naar Nederland; diende weer in Suriname van 1979 tot 1983
1974	Bijbelschool verhuisde naar de Van Leeuwensteinstraat en vervolgens naar de Soekoelaan
1975	Begin van een huissamenkomst in Nieuw-Amsterdam
1975	Bijbelschool verhuisde naar de Maystraat
1976	Begin van het werk in Goejaba; bekering broeder Samuel
1976	Melvin en Victoria "Peggy" Roye uit Jamaica kwamen naar Suriname
4 dec. 1976	Het begin van de gemeente Gusti Betjik, voortgekomen uit een werk van Assemblies of God in Moengo
1977	Begin van de Volle Evangelie Gemeente Nickerie
1978	Aanstelling van het eerste leidersteam van ECS
1978?	Begin van de gemeente in Tjalikondre. Er werden sinds 1976 bidstonden gehouden.
Okt. 1979	Begin van drukkerij Doulos
Okt 1979	Sherlock en Mavis Tacoordeen uit Guyana kwamen naar Suriname
Dec 1979	Johnny Slagtand nam leiding over van de Volle Evangelie Gemeente Nickerie (zie 1977)
Maart 1981	Benny en Joan Macnack vertrokken uit Wageningen om te werken op de Bijbelschool
April 1981	De Bijbelschool verhuisde naar de Martin Luther Kingweg (Highway)
1982	Begin van de gemeente Bethel (Snesikondre)
1983	Begin van het werk in Frans-Guyana
7 aug 1983	Stanley Abinie stichtte het dorp Nazareth, *Djemongo*
Okt 1983	Begin van de gemeente *The Open Door*
1984	De familie Cooper vertrok naar Amerika
1984	International Christian Leaders Connection (I.C.L.C) werd opgericht
1984	Begin van de gemeenten Peto Ondro en Tukopi
Feb. 1984	Elsworth "P.C." en Othelene "Carmen" Williams uit Guyana kwamen naar Suriname
12 nov. 1984	De Paulus Anakéschool werd officieel geopend te Futunakaba.
maart 1985	Begin van de gemeente Brood des Levens (Charlesburg)
1985	Begin van de gemeente De Ware Wijnstok (Pontbuiten)
maart 1986	Begin van de gemeente Antiochië
17 maart 1986	Begin van de gemeente De Kandelaar
1987	Gemeente Het Licht (Rema) ging van start onder leiding van Steve Gloseclose (maart 1997, ECS-gemeente)
2 jan. 1988	Oprichting van de Youth Evangelizing Suriname (YES)
Sept. 1989	Chester en Maureen Oliver begonnen als directeur van de Bijbelschool

15 okt. 1989	Begin van de gemeente *Saamaka Keiki* (Wini, thans Ramgoelanweg)
Ca. 1991	Begin van de gemeente in Ellen
1992	Begin van de gemeente Pomona
1993	Begin van de gemeente Zoelen
1994	Rechobot ging van start onder *The Open Door*
1994	Kom na Hem ging van start in Balona
1994	Gemeente Otniël ging van start
Okt 1994	Begin van de gemeente *Alpha and Omega Ministies* onder *Eagle Wings*
1995	The Open Door begon met werk op Pokigron; nu is de gemeente onder Gods Huis
Maart 1997	Gemeente Antiochië Brokopondo ging van start, Gemeente Meerzorg ging van start
1998	Ruben's Boy's Ranch werd gekocht en omgedoopt naar Engedi
1998	Begin van de gemeente Braamspunt
Jan. 1998	Nieuwe opzet van de avondbijbelschool, Berea Trainingsinstituut onder Marlon Mac Bean
Nov. 1999	ICLC-conferentie in Suriname
Feb 2000	Berea ging van start met training in de districten
Okt 2000	Vrouwen voor Gods Glorie geproclameerd
2002	Gemeente Lust en Rust ging van start
Okt 2002	Begin van de gemeente Gods Huis, voortgekomen uit *The Open Door*
2004	Lyndel en Kalawatie Williams vertrokken met gezin naar de V.S.A.
15 feb 2006	ECS deelde haar gemeenten in in regio's
mei 2006	Gemeente Kom na Jezus ging van start
20 april 2008	Inzegening van de leiders in de vijfvoudige bediening
Okt. 2010	Macnack draagt leiderschap over aan een nieuw team

BRONNEN

Ik heb op verschillende momenten met leiders van het volle evangelie gesproken. Met enkele van hen zijn er meerdere gesprekken geweest. ECS had zelf een aantal leiders laten interviewen. De interviews werden uitgetypt en als tekst beschikbaar gesteld.

Brown, Piëtro *De roeping Gods* (e-mail december 2008)

"Definitieve Resultaten Achtste Algemene Volkstelling (Vol. I)". www.statistics-suriname.org (dec 2013)

Documentatie Evangelie Centrum Suriname (1969-2004).

Donk L, Filemon A, Linger H. *De Volle Evangelie Gemeente "De Kandelaar"*. Een onderzoek in het kader van de cursus Heilige Geest en gemeentegroei. Niet gepubliceerde werkstuk. Apollos Bijbelschool, 1996.

Donk S, Van Geene H, Sewbalak R, Donk O, Graanoogst-Polak H, Palak P, Van Geene-Parius B, *Stichting Volle Evangelie Gemeente te Munderbuiten.* Een onderzoek in het kader van de cursus Heilige Geest en gemeentegroei. Niet gepubliceerde werkstuk. Apollos Bijbelschool, 1995.

Etwaru, Lionel 2014. *The Trophies of Grace*. Bloomington, IN: WestBow Press, a division of Thomas Nelson & Zondervan

Evangelie Centrum Suriname

Filemon, Noel "Concept verhaal ECS: Hoe Cooper van Suriname hoorde" (augustus 2008).

"Gemeente in beeld: Kandelaar, Suriname." *Maranatha Ministries Magazine* 4e Jaargang Nr. 13 – april 2003.

Gregor, Ewald *The Biblical role of elders and deacon within the Full Gospel Church 'The Open Door' in Suriname*: a case study. MTh mini-thesis. Johannesburg: South African Theological Seminary, 2012.

Het Ontstaan van de Gemeente Antiochië te Paranam

Historisch overzicht Evangelie Centrum Suriname

Hofwijks, Stanley *Pastor S. L. Hofwijks. 30 jaar voorganger.* Amsterdam: Maranatha Gospel Media, 2004.

Interview met broeder Asoinda

Interview met broeder Modensi Harold

Jabini, F. S. 'In gesprek met apostel Benny Macnack'. *Nyunsu+* Informatieblad van de Evangelical School of Theology. Nummer 4-2006. Paramaribo: EST, 2006.

Jabini, F. S. *Het Kruis voor een Kankantrie.* Overzicht van de Surinaamse Kerkgeschiedenis. Paramaribo: De Christen, 2000.

Kool, J. *Autobiografie.*

Lagadeau-Coulor, Merlin *Korte Samenvatting over het boek van Jan Kool* (augustus 2008)

Leter, R. *Vraaggesprek gemeente Winie*

Maître, Jane *Interview met Apostel Karel Misman Kasanpawiro* (5 januari 2009)

Mohabir, Philip *Building Bridges.* London: Hodder and Stoughton, 1988.

Neede-Pickering, Lilian 'Jan Kool', http://www.surichurch.net

Pinkstergemeente Otniël

FOTO'S

Boven: Jan Kool, juni 1973

Boven: Jonge jaren van broeder en zuster Cooper bij hun aankomst in Suriname

Boven: Studenten van de Bijbelschool aan de Maystraat

Boven: Studenten van de Bijbelschool aan de Highway

Boven: Op de voorgrond het eerste directie-echtpaar van Hebron: James en Linda Cooper. Op de achtergrond het huidige directie-echtpaar: Robby en Martha Aloewel

Boven: Studenten in Slootwijk met enkele conferentiegasten

Boven: Bijbelschool Maystraat en werkers

Boven: Huidige studenten van de Bijbelschool met het eerste directie-echtpaar

Boven: Bijbelschoolstudenten Maystraat 1982. Steiger Corantijn, Guyana

Onder: Bijbelschoolstudenten Maystraat en medewerkers

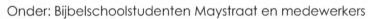

Boven: Studenten van de Bijbelschool aan de Highway

Boven: Chester en Maureen Oliver directie-echtpaar Hebron

Boven: Huidige studenten van de Bijbelschool met uniform

Boven: ECS-leiders bij de onthulling van een gedenksteen in Hebron. Van links naar rechts: Sherlock Tacoordeen, Naifa Saling, Richene Petrusi, Benny Macnack, Freddy Eduart, Modensi Saaki, Karel Kasanpawiro en Max Saaki

Boven: Onthulling gedenksteen in Hebron

Onder: Gemeente De Bron

Onder: Meisjeshuis De Bron

Boven: Docent Aloewel.

Onder: studenten

Boven en onder: Diploma-uitreiking Berea

Boven: ECS leiders, achter van links naar rechts: Andre Alasa, Chester Oliver, Benny Macnack, Robby Dragman. Voor, van links naar rechts: Sherlock Tacoordeen, Lindell Williams, Karel Kasanpawiro en Johan Dore.

Vrouwen voor Gods Glorie, van links naar rechts: Olivia Rustenberg, Sonja Boekstaaf, Joan Macnack, Liliën Brunings, Patricia Kasanpawiro, Ilma Baasaron en Margo Saling

Boven: Inzegening Robby Aloewel tot pastor door Benny Macnack en leiders ECS. Zichtbaar op de achtergrond: Karel Kasanpawiro (r) en Marlon Macbean (l)

Boven: ECS-leiders met echtgenoten. Van links naar rechts: Sherlock en Mavis Tacoordeen, Martha en Robby Aloewel, Legini en 'Tino' Rebin, Iwan en Cheryl Oron.

Boven: Kinderclub Gemeente Billiton (de latere Eagle Wings)

Boven: Gemeente Billiton (de latere Eagle Wings)

Boven: Doopdienst Billiton. Onder: Aanwezigen bij de doopdienst

Boven: Pasbekeerde Karel Kasanpawiro met zijn gitaar

Boven en onder: Gemeente Eagle Wings Ministries

Boven: Paulus Anaké op de voorgrond, stichter van de gemeente Futunakaba

Boven: Gemeente Futunakaba

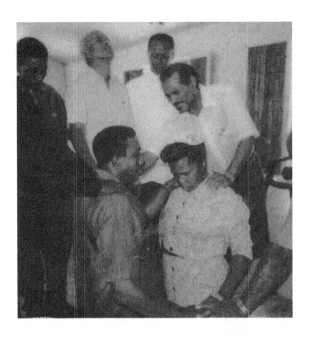

Boven: Inzegening Humphrey "Edu" Eduard tot voorganger

Gemeente Amakakonde. Tweede links, Stanley Abinie

Boven: Evangelisatie campagne team van de Kandelaar te Guyaba

Boven: Gemeente Tjalikondre

Boven: Prediking Stanley Abinie

Boven: Gemeente Antiochië Brokopondo Centrum

Boven: Gemeente Gustibetjik

Boven: Krutu op Pikin Tabiki

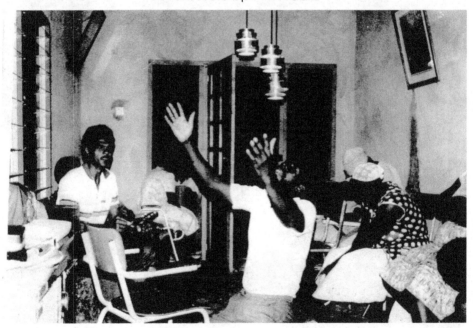

Boven: Nachtwake op het plan Bethel

Boven en onder: Samenkomst te Pikin Tabiki aan de Boven Marowijne

Boven: Stenen maken voor huizen op Bethel

Boven: samenkomst in kampje aan de Boven Marowijne

Boven en onder: Gemeente Antiochië Paranam

Onder: Gemeente Gods Huis Pokigron

Boven: Gemeente Munder

Boven: Gemeente De Kandelaar

Foto's

Boven: Jeugdpraiseteam gemeente De Kandelaar 2007

Beneden: Samenkomst gemeente en voorkant gebouw van Gods Huis

Boven: Kindersamenkomst gemeente De Bron

Boven: Gebouw gemeente De Bron

Onder: Bidstond gemeente De Bron

Boven en onder: Gemeente De Ware Wijnstok

Boven: Marowijneteam in Bethel

Boven: Familie Freederik

Boven: Samenkomst in Frans-Guyana

Boven: Pietro en Eugenia Brown (St. Laurent)

Boven: Kerstviering gemeente Winie

Onder: Voorkant kerkgebouw gemeente Winie

Boven: Gemeente House of Glory

Boven: Gemeente Otniel

Boven en onder: Gemeente Nieuw-Amsterdam

Boven: Gemeente Peto Ondro

Boven: Doopdienst gemeente Kom na Hem

Boven, Links: Antiochië Victoria. Rechts: Huisgemeente Antioichie Klaaskreek

Boven: Gemeente Nieuw-Nickerie

Boven: Liefdesmaal gemeente Kom na Hem

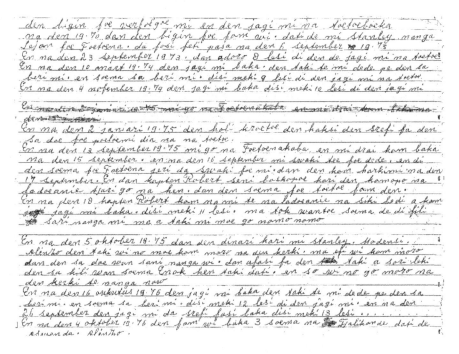

Boven: Gedeelte uit het met de handgeschreven verhaal van Stanley
Abinie

Boven en onder: Verzoening tussen leiders van de ECS en EBGS in Pokigron in 2000 na wederzijdse belijdenis van schuld.

Boven: Loop voor Jezus 1994

Onder: Doopdienst Nieuw-Nickerie

Boven: Algemeen kamp

Boven: ECS-kamp in Zanderij

Boven: Bijdrage kinderen tijdens kinderkamp

Boven: Conferentie in Futunakaba

Boven: YES kamp

Kompas

De bruid van Christus wordt klaargemaakt

MARKANT

"...Omdat den gemeente menselijk maakt zijn voor iedere burger een met een grote taak van zekerheid zijn eerste te verschaffen...." tekst waardoor het geen en breed en vijit h.i. hi manier kunnen plinten over na te h de toekomst (..)Het h datzijn ius de hindellig ietslag techt henkam: brood en vijit, dont welt niet meer... te "av dit tochten vepanzen hat geast om de reijk..."

Dertig jaar bestaat het Evangelisch Centrum Suriname al. Initiatiefnemers en leiders werpen tevreden een blik terug omdat het belangrijkste doel: 'overal sterke en stabiele gemeenten te stichten' gerealiseerd is. Het centrum heeft nu ruim vijftig gemeenten in stad en district onder haar paraplu.

Erna Aviankoi

Bij elke 'bij' jen' boom een geweldig boer met de hijbelkoorde 'opdieli' Tot ECS denkt danr anfos over "Wij willen drie jaren met een knof ienn bereikt is. Wij geen ons daarom meer richten op kwalickshwelderfeg vin de kinderen en verkers", vertelt Marlon Mau-Bleat, elm van de leiden arvera voorganger. Het ECS werd op 1 januari 1969 opgezet in Suriname op initiatief van James Cooper, een Amerikaanse zendeling. Het doel was dit centrum te vestigen.

Boven: Krantenartikel in verband met dertig jaar ECS

Boven en beneden: ECS-activiteit in NIS

Boven: Werkersseminar in gemeente De Kandelaar

Boven: Verschillende christelijke leiders en leiders van ECS bij de viering van het 35-jarig bestaan van ECS

Boven: Leiders ECS nemen felicitaties in ontvangst bij de viering van het 35-jarig bestaan van ECS

Boven: Leiders ECS met echtgenoten bij de viering van het 35-jarig bestaan van ECS. Van links naar rechts: Benny en Joan Macnack, Maureen en Chester Oliver, Legini en 'Tino' Rebin, Freddy Eduart, Mavis en Sherlock Tacoordeen

Saramaccaanse zang- en muziekgroepen met gelovigen uit ECS-
kerken. Boven: Seketigroep. Onder: Gadu a fesi

Boven en onder: Nationale Interkerkelijke Voorgangersconferentue
gehouden in Engedi in 2004

Boven en onder: ECS-familiedag

Boven: Familiedag in Sriba

Boven: Paulus Anakéschool der Volle Evangelie te Futunakaba. Op de voorgrond van links naar rechts: Jozef Petrusie, Alexander Petrusie en Johannes Petrusie (3 broers) en Jakobus Petrusie (neef)

ECS-leiders tijdens een HIV/AIDS conferentie van Saramaccaanse leiders.
Boven: Max Saaki en Humphrey "Edu" Eduard.
Onder: Modensi Saaki

Onder: ECS-leiders Asoinda Haabo en Richene Petrusi tijdens "Saamaka un
Zunta", een interkerkelijke Saramaccaanse samenkomst.

Boven en Onder: Gemeente Nickerie

Boven en Beneden: Gemeente Het Nieuwe Verbond

Boven: Gemeente Oost-Westverbinding, zusterssamenkomst

Boven: Inwijding gemeente Munder

Boven: Proclamatie Vrouwen voor Gods Glory. Inzegening eerste team

Boven: De schrijver en het echtpaar Macnack

Boven: James Cooper en Jan Kool

Boven, gezin Kool met Stuart Wongobe en Benny Macnack (links voor)

Boven: Bonny Vassell en echtgenote

Boven: Franklyn Sephestine (met rug naar de camera) te Wedan

Boven: Zaal te Wedan

Boven, van links naar rechts: Richene, Otmar, Frederik, Kames, Adolf en Dawson (Futuna

Boven: Samenkomst te Wedan.

Onder: Doopdienst met doopkandidaten (Wedan)

Boven: Kamp te Slootwijk

Onder: School te Slootwijk

Boven: Benny en Joan

Made in the USA
Coppell, TX
08 April 2022

76145641R00098